Corse

Entre mer et montagne
«Mare è Monti»©

Mare e monti : Calenzana - Cargèse (10 jours)

Mare a mare Nord : Moriani - Corte - Cargèse
(Itinéraire principal : 9 jours / variante 10 jours)

Mare a mare centre : Ghisonaccia - Porticcio (7jours)

Mare e monti Sud : Porticcio - Propriano (5 jours)

Mare a mare Sud : Porto-Vecchio - Propriano (5 jours)

Parc naturel régional de Corse
Parcu di Corsica

Parc naturel régional de Corse
2 rue Lambroschini, BP 417
20184 Ajaccio Cedex

FFRandonnée
www.ffrandonnee.fr

association reconnue d'utilité publique
64, rue du Dessous-des-Berges
75013 PARIS

Olmetu

Sommaire

Itinéraires

Découverte

La Fédération française de la randonnée pédestre

Depuis 1947, le Comité national des sentiers de grande randonnée, devenu 30 ans plus tard la Fédération française de la randonnée pédestre, s'est donné pour tâche d'équiper la France d'un réseau d'itinéraires de randonnée pédestre, balisés, entretenus, décrits dans des topo-guides comme celui-ci et ouverts à tous. Ce sont des bénévoles, au nombre de 6 000 en permanence, qui tout au long de ces nombreuses années d'existence ont créé les 65 000 km de sentiers de grande randonnée, les « GR », maintenant bien connus.

Si la randonnée pédestre a pris en France le développement qu'on lui connaît à l'heure actuelle, si les GR ont acquis la renommée qui leur est reconnue, c'est à eux et à la Fédération qu'on le doit. Depuis quelques années leur action s'est étendue à des itinéraires de petite ou de moyenne randonnée destinés aux randonneurs de week-end et de proximité.
La Fédération, seule ou parfois avec le concours de collectivités locales, édite les topo-guides qui décrivent les itinéraires et mettent en valeur leur attrait sportif ou culturel.

Mais son action désintéressée ne se borne pas là. Elle intervient sans cesse auprès des pouvoirs publics pour la protection et le maintien des chemins et sentiers nécessaires à la randonnée, pour la sauvegarde de l'environnement naturel, pour la promotion de la randonnée, pour la défense des intérêts des randonneurs.

Elle regroupe plus de 3 000 associations de randonneurs sur l'ensemble du territoire. Celles-ci font sa force. Randonneurs qui utilisez ce topo-guide, rejoignez-les. Plus vous serez nombreux, plus la Fédération sera forte, plus son audience sera grande et plus elle disposera de moyens pour répondre à vos attentes.

Réalisation.

Ce topo-guide est réalisé en co-édition par la Fédération française de la randonnée pédestre et le Parc naturel régional de la Corse.
Le Mare e Monti Sud a été réalisé par le Conseil général de Corse du Sud.
Les itinéraires décrits sont créés, balisés et entretenus par le Parc.

Coordination générale : José Morti – **Responsable de rédaction :** Gérard Van – **Montage du projet et directi des collections et des éditions** Dominique Gengembre – **Producti éditoriale :** I. Lethiec. **Description d itinéraires :** Parc naturel régional de Corse (F. Achilli, M. L. Alcic H. Corteggiani, G. Ferreri, G. Le Va J.-B. Maestracci, J. Poli, J. P. Rocca Ser J. Sanroma, G. Vittori) – **Text**

Le Parc

Le Parc naturel régional de la Corse est né le 15 mai 1972. Après une étude de 7 ans menée par une mission de scientifiques, et concrétisée en 1971 par une charte constitutive, il est institutionnalisé sous la forme d'un Syndicat Mixte.

Ce Syndicat Mixte regroupe aujourd'hui 143 communes, la Collectivité Territoriale, les départements de Haute Corse et de Corse du Sud.

Le Parc de Corse est un grand Parc : sa superficie est de plus de 350 000 ha, un peu plus du 1/3 de la Corse.

Il s'étire en écharpe tout au long et de part et d'autre de la chaîne montagneuse, véritable ligne de partage des eaux qui va de la région de Calvi jusqu'à Porto Vecchio.

Il s'est récemment enrichi d'une grande partie de la Castagniccia avec ses nombreux villages dominés par le San Pedrone.

thématiques : PNRC (H. Corteggiani, J. Poli, J. Leoni, P. Lepaulmier, J. P. Rocca Serra, J.-B. Casanova, J. B. Maestracci) – **Secrétariat d'édition :** Philippe Lambert et Marie Fourmaux – **Fabrication :** J. Bazin, C. Lépine, C. Le Guen – **Cartographie :** O. Cariot, F. Luc – **Crédit photos :** collection Parcu di Corsica (D. Gambini, R. Maupertuis, J. Leoni, F. Orsetti) ; ATC (A. Gauthier, X. Olivieri) ; Ch. Andréani, H. Corteggiani.

Le pont d'Ota

Les concepts fondamentaux de protection et de développement cherchent en permanence à s'enrichir, à se conforter, à se dynamiser l'un l'autre.

Le Parc naturel c'est aussi la volonté et les efforts de ses communes, de ses syndicats intercommunaux, de ses comités de développement, et du partenariat engagé avec la Région, les Départements et l'État.

Le Parc naturel, c'est enfin une équipe pluridisciplinaire, spécialisée dans les domaines : Développement, Patrimoine, Tourisme, Animation, Administration, représentant plus de 75 agents répartis sur le territoire, en contact permanent avec les populations et la réalité du terrain.

Temps	LOCALITÉS / RESSOURCES	Pages	Refuge	Gîte d'étape	Hôtel	Camping	Ravitaillement	Restaurant	Information	Car	Train	Médecin / Pharmacie
	CALENZANA **MARE E MONTI**	25		•	•	•	•	•		•		•
4.45	BONIFATU	25		•	•	•	•	•				
6	TUARELLI	27		•		•		•				
4.45	GALERIA	29		•	•	•	•	•	•	•		
6	GIROLATA	31	•	•				•				
6.30	CURZU	33		•		•	•	•		•		
3.30	SERRIERA	35		•	•		•	•		•		
6.30	OTA	37		•		•	•	•		•		
3.30	EVISA	39		•	•	•	•	•		•		
1.30	MARIGNANA	39		•			•	•		•		
6.30	E CASE	41		•		•		•				
5	CARGESE	43			•	•	•	•	•	•		•
	MORIANI **MARE A MARE NORD**	47			•		•	•	•	•		•
3.30	I PENTI	47		•				•				
8.30	PIANELLO	49		•								
4.50	SERMANO	51		•				•				
5	CORTE	53		•	•	•	•	•	•	•	•	•
5.30	A SEGA	55		•								
4	CALACUCCIA	57		•	•	•	•	•	•	•		•
1.10	ALBERTACCE	57		•				•		•		
4.30	VERGHJU	59			•			•		•		
	POGGIO DI VENACO **VARIANTE**	63		•		•					•	
7	VIVARIO	69	•		•		•	•		•	•	
4	L'ONDA	71	•									
4	PASTRICCIOLA	73		•			•	•				
3.30	GUAGNO	75		•			•	•		•		
5.30	GUAGNO LES BAINS	77			•			•		•		
5.30	RENNO	79						•		•		
	GHISONACCIA **MARE A MARE CENTRE**	85			•	•	•	•	•	•		•
3	SERRA DI FIUM'ORBU	85		•			•	•				
4	CATASTAGHJU	87		•				•				
6.40	COZZANO	89		•			•	•		•		
7	ZICAVO	93	•		•	•	•	•		•		
2.00	GUITERA LES BAINS	93		•				•				
4.10	QUASQUARA	95	•									
6	COL ST GEORGES	97		•				•				
5.30	PORTICCIO **MARE E MONTI SUD**	105			•	•	•	•	•	•		•
6	BISINAO	105		•				•		•		
5.30	COTI-CHIAVARI	107		•	•			•		•		
4.45	PORTO-POLLO	109			•	•	•	•		•		
5	OLMETO	111			•	•	•	•		•		
5.30	BURGO	113		•								
2.30	PROPRIANO	113			•	•	•	•	•	•		•
	PORTO-VECCHIO **MARE A MARE SUD**	121			•	•	•	•	•	•		•
5	CARTALAVONU	121		•				•				
5	LEVIE	123		•			•	•	•	•		•
2.45	ZONZA	129			•	•	•	•	•	•		
1.15	QUENZA	129		•	•		•	•		•		
4.05	SERRA DI SCOPAMENA	129		•		•	•	•		•		
5	SANTA-LUCIA DI TALLANO	131		•			•	•		•		•
6	BURGO	135		•								

Infos pratiques

Le guide et son utilisation

Le guide décrit successivement cinq itinéraires de moyenne montagne : les deux Mare et Monti (mer et montagne) et les trois Mare a Mare (de mer à mer), Nord, Centre et Sud. C'est pour éviter la confusion avec le GR 20 et pour conserver une certaine spécificité, que le Parc naturel régional de la Corse a donné à ces sentiers des noms locaux.

Les itinéraires sont décrits avec un découpage en étapes (de 3 heures à 7 heures de marche) où un hébergement est prévu :

• **Le Mare e Monti** : 10 jours entre Calenzana et Cargèse sur la façade Ouest de la Corse.

• **Le Mare a Mare Nord** : 10 jours entre Moriani et Cargèse par Corte. *Une variante plus au Sud rejoint Cargèse (onze jours).*

• **Le Mare a Mare Centre** : 7 jours de la côte Est à l'Ouest entre Ghisonaccia et Ajaccio (Porticcio).

• **Le Mare e Monti Sud** : 5 jours entre Porticcio et Propriano sur la façade Sud-Ouest de la Corse.

• **Le Mare a Mare Sud** : 5 jours d'Est en Ouest de Porto Vecchio à Propriano.

Un plan de situation général permettant de visualiser l'ensemble des itinéraires est présenté à l'intérieur de la couverture. Un plan de situation spécifique à chaque itinéraire est présenté au début des cinq chapitres (pp. 22, 44, 82, 102, 118).

Les étapes sont numérotées et pour chacune d'entre elles, le guide précise le temps de marche global (décomposé dans la description en temps intermédiaires aux principaux points de passage), l'altitude maximum et les dénivelés à la montée comme à la descente. À la fin de chaque étape, le temps nécessaire pour parcourir l'itinéraire en sens inverse est indiqué (temps retour).

> Les temps de marche indiqués dans ce guide correspondent à des temps moyens : à la montée 250 à 300 m par heure ; à la descente 300 à 350 m par heure. Chacun adaptera son rythme de marche selon les conditions particulières (poids du sac à dos, météo...)

La description de chaque étape est accompagnée de la reproduction de la carte IGN au 1 : 50 000 correspondante, où le tracé de l'itinéraire est porté en rouge. Lorsque les étapes sont courtes, elles sont regroupées par deux.

Sur les cartes et dans la description des itinéraires, à côté de certains points de passage, sont mentionnés des repères ; ils permettent de situer ces lieux avec plus de précision.

Un tableau (p. 6) recense la plus grande partie des ressources pouvant intéresser les randonneurs.

Hébergements divers	Restaurant
Hôtel	Ravitaillement
Gîte d'étape	O.T. / Maison du Parc
Camping	Gare SNCF
Café	Car
Médecin	Taxi
Pharmacie	

Adresses utiles

• Centre d'information de la Fédération. 64, rue du Dessous-des-Berges, 75013 Paris, tél. 01 44 89 93 93.
• Parc naturel régional de la Corse, 2, rue Lambroschini, BP 417, 20184 Ajaccio Cedex 1, tél. 04 95 51 79 10 ou 04 95 51 79 00.
• Agence du Tourisme de la Corse, 13 bd dur Roi-Jérôme, 20000 Ajaccio, tél. 04 95 51 77 77.
• Office de Tourisme d'Ajaccio (20176), place Foch, BP 21, tél. 04 95 51 53 03.
• Office municipale de Calvi (20260), Port de plaisance, tél. 04 95 65 16 67.
• Office municipale de Bastia (20260), place Saint-Nicolas, tél. 04 95 30 00 89.
• Syndicat d'initiative de Porto (20150), La Marine, tél. 04 95 26 10 55.
• Office de Tourisme de Porto-Vecchio, rue du Député-Camille-de-Rocca-Serra, BP 92, tél. 04 95 70 09 58.
• Syndicat d'initiative de Niolu (20224), Calacuccia, tél. 04 95 48 05 22 (hiver) ; 04 95 47 12 62 (été).
• Infos Tourisme Alta Rocca, 20124 Zonza, tél. 04 95 78 56 33.

Maisons d'information Parc naturel régional

Ouverte toute l'année (8h30-12h/14h-17h)
- Maison d'information du Parc, 2, rue Casalonga, BP 417, 20184 Ajaccio Cedex 1, tél. 04 95 51 79 00 ou 04 95 50 59 04, Fax : 04 95 21 88 17, www.parc-naturel-corse.com

Ouvertes en été seulement (du 15 juin au 15 septembre) :
• Calenzana : maison du GR 20 (gîte d'étape de Calenzana), 20214 Calenzana, tél. 04 95 62 87 78
• Moltifao : village des Tortues, 20218 Moltifao, tél. 04 95 47 85 03
• Porto : La Marine de Porto, 20150 Ota, tél. 04 95 26 73 04
• Conca : maison du GR 20, 20135 Conca, tél. 04 95 27 03 36
• Rezza : U Mulinu, Maison de la Vallée du Cruzzini, 20121 Rezza, tél. 04 95 28 93 75
• Corte : Maison du Parc Vallée de la Restonica, tél. 04 95 46 08 31
• *Point Infos* : Parc Col de Bavella
• *Point Infos de Zonza* : tél. 04 95 78 56 33

Cartographie

• Cartes IGN au 1 : 25 000 TOP 25
Mare e Monti : 4149 OT, 4150 OT, 4151 OT.
Mare a Mare Nord et variante : 4150 OT, 4151 OT, 4250 OT, 4251 OT.
Mare a Mare Centre : 4153 OT, 4252 OT, 4253 OT et ET.
Mare e Monti Sud : 4153 OT, 4253 OT, 4154 OT, 4254 OT.
Mare a Mare Sud : 4154 OT, 4253 OT, 4254 OT et ET.
• Carte IGN au 1 : 100 000, Corse Nord-Corse Sud.

La Fédération ne vend pas de cartes. On se procurera les cartes Michelin auprès des librairies et papeteries.
Pour les cartes IGN, on s'adressera à l'Institut géographique national, *Espace IGN*, tél. 01 43 98 80 00, 107, rue de La Boétie, 75008 Paris, ou aux agents de vente régionaux de l'IGN, les librairies et papeteries figurant sur la liste dressée par l'IGN.

Balisage et itinéraire

Les cinq itinéraires sont balisés en orange. Aux intersections, des panneaux de signalisation sont implantés. Dans certaines localités, les itinéraires croisent des bretelles du GR 20 (balisées en blanc et rouge) ainsi que des sentiers du Parc, appelés Sentiers de Pays (balisés en orange).
Les trois Mare a Mare sont décrits d'Est en Ouest, d'abord parce que le cheminement est plus pratique (dénivelés, soleil), ensuite parce que les arrivées se situent toutes à une heure maximale d'Ajaccio (cars, port, aéroport). Les parcours correspondent à la description qui est faite dans le topo-guide. Toutefois, dans le cas de modifications d'itinéraires (rendues nécessaires par l'exploitation agricole ou forestière, le remembrement, les travaux routiers), il faut suivre le nouveau balisage qui ne correspond plus à la description. Ces modifications sont disponibles auprès du Centre d'information de la Fédération française de la randonnée pédestre (tél. : 01 44 89 93 93) et sur le site Internet : www.ffrandonnee.fr.
Les renseignements fournis dans ce topo-guide ainsi que les jalonnements et balisages n'ont qu'une valeur indicative destinée à permettre aux randonneurs de trouver plus aisément son chemin. La responsabilité de la Fédération et du Parc régional de Corse ne saurait donc être engagée.

Sites classés et réserves naturelles

Les sites classés et les réserves naturelles sont représentés sur les cartes de ce topo-guide par des hachures en couleur. Les renseignements ont été fournis par la Direction de l'architecture et de l'urbanisme, sous-direction de la mise en valeur et de la protection des espaces.

Équipement, période conseillée, difficultés

D'une manière générale, il convient, en été, de penser à emporter une gourde, des vêtements légers mais également des vêtements de pluie et un pull. En automne et au printemps, se doter d'un équipement plus complet ; le temps, s'il est souvent beau, peut changer rapidement.
Les itinéraires ne présentent pas de difficultés particulières. Ils sont praticables toute l'année, plus particulièrement au printemps et à l'automne. *Des renseignements plus précis concernant la période conseillée pour chaque itinéraire sont donnés au début de chaque chapitre* (pp. 23, 45, 83, 103, 119).

Sécurité et météo

Les secours sont bien structurés en Corse. En cas d'accident grave, appeler simplement le 17 ou 18 : donner avec précision le lieu de l'accident.
Le temps change vite dans l'île surtout au printemps et à l'automne.
Informations météo enregistrées : 32 50.

Accompagnateurs

Il existe des randonnées guidées par des guides et des accompagnateurs de moyenne montagne. Le Parc naturel régional de la Corse et l'Agence de tourisme de la Corse peuvent vous en communiquer la liste.

Toponymie

De nombreux corses sont bilingues et s'expriment tantôt en français, tantôt en corse. De plus en plus, les orientations régionales « corsisent » des noms. Ainsi les noms de lieux dans les descriptions des itinéraires sont systématiquement écrits en corse. S'il y a une trop grande différence avec la cartographie, l'orthographe utilisée par l'IGN est précisée en italique.

Noter également que le « u » (souvent en final comme dans Boziu) se prononce « ou ».

Petit lexique du randonneur
Bocca, foce : col - *Punta, capu* : pointe, sommet - *Furesta, valdu* : forêt, bois - *Aghja, arghja* : aire (à blé, à bois) - *Casa* : maison - *Neru, nieddu* : noir - *Acqua* : eau.

Recommandations

Attention aux crues brutales au printemps et aux orages en été.

- ► Les feux sont interdits.
- ► Le camping sauvage est interdit.
- ► Respectez la flore et la faune.

Risque d'incendie : rester prudent par grand vent et forte chaleur ; demander conseil aux gérants de gîtes.
Respectez la vie des gens dans les villages, sachez découvrir, vous faire accepter...

Autres sentiers en Corse

Les sentiers de Pays

Le Parc naturel régional a aussi aménagé de petits sentiers de découverte qui relient les villages entre eux ; des boucles de 2 à 5 h sont proposées dans sept régions de l'intérieur de l'île.
Au cours des traversées Mare a Mare, il est proposé d'utiliser ces sentiers (également balisés en orange) pour mieux découvrir la diversité des régions et la vie des habitants. Au Nord, sur le Mare a Mare Nord, il existe : le Boziu, le Niolu, le Venachese ; sur le Mare a Mare Centre, le Fiumorbu et le Taravu ; sur le Mare a Mare Sud, l'Alta Rocca (Gravona -Cruzzini).
Pour plus de détails sur ces sentiers, s'adresser au Parc.

Le GR 20

Même si ce sentier est destiné aux randonneurs chevronnés, quelques bretelles ou étapes ne présentent pas de difficultés particulières. Il est possible d'utiliser ces bretelles dont les points de jonction sont signalés dans la description de chaque itinéraire concerné.

Pour se rendre en Corse

• Liaisons aériennes à partir des principales villes françaises vers Ajaccio, Bastia, Calvi, Figari (à proximité de Porto-Vecchio).
Transporteurs : Air France, Compagnie Corse Méditerranée (CCM), Nouvelles Frontières (dans toutes les agences de voyages).
• Liaisons maritimes à partir de Nice, Toulon et Marseille vers Ajaccio, Bastia, Calvi, Ile Rousse, Propriano et Porto-Vecchio.
Transporteur maritime en France : SNCM. Renseignements et réservations : tél. n° indigo, 3260 ; Corsica Ferries : 0825.095-095.
• Liaisons maritimes au départ d'Italie et de Sardaigne vers Ajaccio, Bastia, Porto-Vecchio, Bonifacio.

Transporteurs : Corsica Ferries : 08 25 095 095, e-mail : www.corsica.com/accueil.jsp
Pour appeler la SNCM (depuis l'étranger):
- Allemagne : 49 6 196 42 911
- Belgique : 32 2 549 08 87/88
- Espagne : 34 93 491 04 60
- Italie : 39 02 66 117 104
- Grande-Bretagne : 44 207 491 49 68
- Suisse : 41 31 370 90 85.

Pour se rendre sur les itinéraires

Les principales villes de Corse sont reliées par le Chemin de fer de la Corse et par autocar. Les horaires d'été fonctionnent en général de mai à fin septembre.

Le Chemin de fer de la Corse : tél. 04 95 32 80 61 et 04 95 23 11 03 ; relie les villes suivantes plusieurs fois par jour : Ajaccio, Corte, Bastia, Calvi.

Autocars : les principales villes sont desservies mais il existe des lignes secondaires.

Ces renseignements sont donnés à titre indicatif ; des modifications sont possibles.

À partir d'Ajaccio pour Evisa, Porto, Cargèse, Propriano, Porto-Vecchio ; renseignements : gare routière, tél. 04 95 51 55 45.

À partir de Bastia pour Ghisonaccia, Corte, Moriani, Porto-Vecchio.

Sur le Mare e Monti

Autocars

• Eurocorse voyages, tél. 04 95 21 06 30 ; Bastia - Calvi, sauf dimanche et jours fériés ; 1er juillet-15 septembre : quotidien.

• Les Beaux Voyages, tél. 04 95 65 11 35 ; Calvi - Calenzana, juillet et août, sauf dimanche et jours fériés ; Calvi - Galeria, 1er juillet à la rentrée scolaire, sauf dimanche et jours fériés. Calvi-Bastia (toute l'année).

• Ceccaldi voyages, tél. 04 95 22 41 99 ; Ajaccio - Cargèse - Porto - Ota, quotidien de juillet à septembre ; Ota - Porto - Galeria - Aéroport Calvi - Calvi, 15 mai-15 octobre.

• Eurocorse voyages-SNCF, tél. 04 95 21 06 30 ; Ajaccio - Cargèse et Porto - Galeria - Calvi, quotidien du 1er juillet au 15 septembre.

• Ceccaldi Roger, tél. 04 95 21 38 06 ; Ajaccio - Evisa - Marignana, quotidien sauf dimanche et jours fériés.

Taxis : Renseignements auprès des Offices de tourisme.

Navettes maritimes (d'avril à octobre)

• De Calvi vers Girolata (avec visite Réserve de Scandola) et retour : Cie Colombo Line, tél. 04 95 65 32 10.

• De Porto vers Girolata (avec visite Réserve de Scandola) et retour :
- Nave Va, tél. 04 95 26 15 16 ou 06 17 11 63 41.
- Cie Porto Linea, tél. 06 08 16 89 71 ou 04 95 26 11 50.
- Cie Via Mare, tél. 06 07 28 72 72.
- Cie le Passe Partout, tél. 06 75 99 13 15.

• Ajaccio vers Girolata : Cie Nave Va, tél. 04 95 51 31 31.

Sur le Mare a Mare Nord

Autocars

• Les Rapides Bleus Bastia, tél. 04 95 31 03 79 et Porto-Vecchio, tél. 04 95 70 96 52 ; Moriani - Porto-Vecchio et retour, quotidien sauf dimanche et jours fériés ; quotidien du 15 juin au 15 septembre.

• Eurocorse voyages, tél. 04 95 21 06 30 ; Ajaccio - Corte et Bastia - Corte, sauf dimanche et jours fériés, quotidien du 15 juin au 15 septembre.
• Cars Mordiconi, tél. 04 95 48 00 04 ; Corte - Calacuccia - Porto, fonctionne du 1er juillet au 15 septembre, tous les jours sauf dimanche et jours fériés.
• Ceccaldi Roger, tél. 04 95 21 38 06 ; Ajaccio - Evisa - Marignana, quotidien sauf dimanche et jours fériés.

Possibilité de taxi : Renseignements auprès des Offices de tourisme.

Sur le Mare a Mare Centre

Autocars

• Les Rapides Bleus, tél. 04 95 31 03 79 ou 04 95 70 96 52 ; Bastia - Ghisonaccia et Ghisonaccia - Bastia, quotidien (sauf dimanche et jours fériés) ; du 15 juin au 15 septembre : tous les jours.
• Eurocorse voyages, tél. 04 95 21 06 30 ; Col Saint-Georges - Ajaccio, quotidien sauf dimanche et jours fériés ; 15 juin-15 septembre : quotidien.
• Cars Casanova, tél. 04 95 25 40 37 ; Porticcio - Ajaccio.
• Santoni Zicavo- Sainte-Marie-Sicché, quotidien (sauf dimanche et jours fériés), tél. 04 95 22 64 44 (n° chauffeur : 04 95 24 51 56).

Bateau

• Navette Porticcio - Ajaccio, Cie Nave Va, tél. 04 95 51 31 31 (juin-octobre).

Taxis : se renseigner auprès des Offices de tourisme.

Sur le Mare e Monti Sud

Autocars

• Eurocorse voyages, tél. 04 95 21 06 30 ; Ajaccio - Propriano (sauf dimanche et fêtes) ; quotidien du 15 juin au 15 septembre).
• Ricci, tél. 04 95 51 08 19 ou 04 95 78 86 30 ; Ajaccio - Propriano, sauf dimanche et fêtes, quotidien du 1er juin au 30 septembre.
• Casanova, tél. 04 95 25 40 37 ; Ajaccio - Porticcio
• Casabianca, tél. 04 95 74 01 88 ; Ajaccio - Bisinao - Porto Pollo. Lundi, mercredi, samedi (en été : quotidien sauf dimanche et jours fériés). Porto - Pollo - Olmeto - Propriano, quotidien, sauf dimanche et jours fériés.

Bateau

• Navette maritime Ajaccio - Porticcio, Nave Va (juin-oct.), se renseigner à l'Office de tourisme.

Sur le Mare a Mare Sud

Autocars

• Les Rapides Bleus, tél. 04 95 31 03 79 ou 04 95 70 96 52 ; Bastia - Porto-Vecchio et Porto-Vecchio - Bastia ; quotidien sauf dimanche et jours fériés ; 15 juin-15 septembre, service du matin tous les jours.
• Eurocorse voyages, tél. 04 95 21 06 30 et Trinitours 04 95 70 13 83 ; Ajaccio - Propriano - Porto-Vecchio ; quotidien sauf dimanche et jours fériés ; 1er juillet-15 septembre, tous les jours.
• Balesi, tél. 04 95 70 15 55 ; Ajaccio - Serra - Porto-Vecchio, lundi et vendredi ; quotidien du 15 juin au 15 septembre, sauf dimanche et jours fériés ; Zonza - Bavella - Zonza ; quotidien du 15 juin au 15 septembre.
• Ricci, tél. 04 95 51 08 19 ou 04 95 76 25 59 ; Ajaccio - Propriano - Santa Lucia -

Levie ; quotidien sauf dimanche et jours fériés l'hiver ; Propriano - Zonza - Bavella, tous les jours du 1er juin au 30 septembre.

Taxis : se renseigner auprès des Offices de tourisme.

Hébergements

À chaque étape est prévu un hébergement. Dans la plupart des cas, il s'agit de gîtes d'étape ; ils offrent plus de confort que les refuges traditionnels (eau chaude, douches, couvertures). Ils proposent les repas (demi-pension), le petit déjeuner et parfois même le panier repas. Certains assurent aussi le transport des bagages entre les étapes (les consulter).

Il est conseillé de réserver les nuitées et les repas.

Les gîtes sont ouverts du 15 avril au 15 octobre, sauf exception (se renseigner auprès des gérants et réserver à l'avance).

Sur le Mare e Monti

Gîtes d'étape

• Calenzana (20214)
Gîte communal, 30 places, tél. 04 95 62 77 13, fax 04 95 62 73 64.
• Bonifatu (20214)
« Auberge de la Forêt », 32 places, tél. 04 95 65 09 98.
• Tuarelli (20245 Mansu)
24 places, M. Leca, tél. 04 95 62 01 75 et 06 10 77 31 92.
• Galeria (20245)
« L'étape marine » 36 places, tél. 04 95 62 00 46, fax 04 95 62 03 02.
• Girolata (20147)
« Le Cormoran Voyageur », 20 places, tél. 04 95 20 15 55.
« La Cabane du berger », 30 places, tél. 04 95 20 16 98.
• Curzu (20147)
38 places et 2 chambres individuelles, M. Colonna, tél. 04 95 27 31 70, port. 06 22 16 15 93.
• Serriera (20147)
« L'Alivu », 32 places, tél. 04 95 10 49 33 et 06 17 55 90 51.
• Ota (20150)
« Chez Félix », 50 places, tél. 04 95 26 12 92, fax 04 95 26 18 25.
« Chez Marie », 30 places, tél/fax. 04 95 26 11 37.
• Evisa (20126)
Gîte « U Poghju » 38 places, tél/fax. 04 95 26 21 88, port. 06 32 42 30 41.
• Marignana (20141)
28 places, camping, M. Ceccaldi, tél. 04 95 26 21 21.
• E Case (Revinda 20130 Cargèse)
Gîte d'étape « E Case », 22 places, tél. 04 95 26 48 19.

Hôtels

À Galeria, Cargèse, Serriera, Evisa.

Campings, bivouacs

Possibilités aux gîtes de Calenzana, Bonifatu, Tuarelli, Galeria, Curzu, Marignana, E Case, Serriera.

Hébergements divers

• Cargèse (20130)
Hôtel Punta e Mare, 27 places, tél. 04 95 26 44 33, fax 04 95 26 49 54.
Hôtel Saint-Jean, 35 places, tél. 04 95 26 46 68, fax 04 95 26 46 17.

Une liste complète des hébergements est disponible sur le site du Parc naturel régional de la Corse : www.parc-naturel-corse.com

Sur le Mare e Mare Nord (sentier principal)

Gîtes d'étape

• Santa Reparata di Moriani(20230)
20 places, M. Cortopossi, tél. 04 95 38 59 48.

• Valle d'Alesani (20234)
Gîte d'étape, 16 places en dortoir, tél. 06 32 95 39 30.

• Pianellu (20272)
18 places, Mme Manenti, tél. 04 95 39 61 35.

• Sermanu (20250)
Gîte « U San Fiurenzu », 26 places, tél. 04 95 48 68 08.

• Corte (20250)
« U Tavignanu » 20 places, tél. 04 95 46 16 85, fax. 04 95 61 14 01.

• A Sega
36 places, M. Biancardini, tél. 04 95 46 07 90, port. 06 10 71 77 26.

• Albertacce (20224)
20 places, M. Albertini, tél. 04 95 48 05 60.

• Casamaccioli (20224) (hors itinéraire)
12 places, Mme Ingrand, tél. 04 95 48 03 47, fax. 04 95 48 08 50.

• Piana (20115) (hors itinéraire)
M. Grimaldi J.B., 11 chambres individuelles ou collectives, tél. 06 77 33 57 30.
Gîte d'étape Giargalo, 35 places, tél. 04 95 27 82 05.

• *Pour les hébergements à Evisa, Marignana, Revinda et Cargese, voir le « Mare e Monti Nord ».*

Hôtels

Corte, Col de Vergio (Verghju), Evisa.

Campings - bivouacs

Corte, Evisa, Lozzi, A Sega.

Sur la variante du Mare a Mare Nord

Gîtes d'étape

• Poghju di Venacu (20250)
16 lits, 6 chambres de 2 personnes, M. Giorgetti, tél. 04 95 47 07 45.

• Savaghju (20219 Vivario)
24 lits, tél. 04 95 47 22 14.

• Tattone (20219 Vivario)
Le refuge « Chez Pierrot », 16 lits, tél. 04 95 47 20 65, port. 06 23 78 31 41.

• Pastricciola (20121)
18 places, M. Leca, tél. 04 95 10 05 46 ou 04 95 28 90 83, fax 04 95 28 91 85.

• Guagnu (20160)
28 lits, M. Leca, tél. 04 95 28 33 47 ou 04 95 28 33 42, port. 06 81 61 21 21.

Hébergements divers

• Vivario (20129)
Hôtel Monte e Macchje, tél. 04 95 47 22 00.

• Refuge de l'Onda *(petit ravitaillement)*, 15 places, Parc régional ; pas de couvertures, petite restauration, gaz assuré.

• Soccia (20125)
Hôtel U Paese, 30 chambres, tél. 04 95 28 31 92.

• Guagno-les-Bains (20125)
Auberge des deux Sorru, tél. 04 95 28 35 14, fax 04 95 28 35 06.

• Renno : possibilité de louer en gîtes communaux, contacter la mairie, tél. 04 95 26 65 35.

Sur le Mare a Mare Centre

Gîtes d'étape

• Serra di Fium'orbu (20243 Pianellu)
18 places, Mme Guidicelli, tél. 04 95 56 75 48.

• Chisa (20240) (hors itinéraire)
18 places, Mme Giovanni, tél. 04 95 56 36 61.

• Catastaghju (20243 San Gavinu)
24 places, Mme Paoli, tél. 04 95 56 74 97 ou 06 79 74 81 58.

• Cozzano (20148)
36 places, M. Pantalacci, tél/fax. 04 95 24 41 59.
A Filetta, M. Renucci, 8 chambres d'hôte, tél. 04 95 24 45 61, fax 04 95 24 47 05.

• Tasso (20134)
20 places, M. Tasso, tél. 04 95 24 52 01.

• Guitera (20153)
20 places, M. Lanfranchi, tél. 04 95 24 44 40.
• Quasquara (20142)
30 places, Mme Yvars, tél. 04 95 53 61 21.
• Col Saint-Georges (20128 Grosseto)
20 places, Mme Renucci, tél. 04 95 25 70 06 ou 04 95 53 61 47.

Hébergements divers

• Cozzano (20148)
A Filetta, auberge, M. Renucci, tél. 04 95 24 45 61.
• Zicavo (20132) « U Paradisu » : chambres d'hôtes, gîtes d'étape, Mme Pirany, tél/fax. 04 95 24 41 20.

Hôtels

Ouverts toute l'année à Zicavo.

> Les gîtes offrent les prestations habituelles.
> *Cependant, il est indispensable de réserver, surtout à Catastaghju, où le gîte est situé à 3 km du village.*

Sur le Mare e Monti Sud *(l'hébergement est proposé en gîtes d'étape ou hôtels)*

Gîtes d'étape

• Bisinao (20166 Albitreccia)
18 places, A Funtana, tél. 04 95 24 21 66, port. 06 73 55 84 28.
• Coti-Chiavari (20138)
12 places, Mme Peretti, tél. 04 95 23 02 11.
• Burgo (20143)
« U Fracintu », 86 places, tél. 04 95 76 15 05, fax 04 95 76 14 31.

Hôtels

• Coti-Chiavari (20138)
Hôtel « Le Belvédère », 38 places, tél. 04 95 27 10 32, fax 04 95 27 12 99.
A Storia, 20 places, tél. 04 95 27 13 14, fax 04 95 27 13 58.
• Serra di Ferro (20140)
6 places, M. Santoni, tél. 04 95 74 01 83 ou 04 95 74 07 04.
• Porto Pollo (20113)
Hôtel « Les Eucalyptus », tél. 04 95 74 01 52, fax 04 95 72 00 35.
• Olmeto (20113)
Hôtel « L'Aiglon », tél. 04 95 74 66 04, port. 06 82 24 23 45

Campings, bivouacs

• Porticcio, Serra di Ferru, Olmeto, Propriano.

> Sur le Mare e Monti Sud, nous vous conseillons de faire le parcours en hôtel.

Sur le Mare a Mare Sud

> Possibilité de « rando en liberté » sur le Mare a Mare Sud. Consulter les gîtes pour le transport des bagages.

Gîtes d'étape

• Cartalavonu (20137)
44 places, M. Monti, tél. 04 95 70 00 39, fax 04 95 72 00 35.
• Levie (20170)
20/25 places, Mme Prelis, tél. 04 95 78 46 41.
• Quenza (20122)
Gîte Corse « Odyssée », 36 places, tél. 04 95 78 64 05, fax 04 95 78 61 91.
• Ghjallicu (20122)
18 places, M. Milanini, tél. 04 95 78 63 21.
• Serra di Scopamena (20127)
26 places, M. Pastini, tél. 04 95 78 64 90, fax 04 95 78 72 43.
• Santa Lucia di Tallano (20112)
30 places, Mme Pirreda, tél. 04 95 78 82 56, fax 04 95 78 55 50.
• Burgo (20143)
« U Fracintu », 86 places, tél. 04 95 76 15 05, fax 04 95 76 14 31.
• Bavella (20124 Zonza), hors itinéraire
24 places, M. Grimaldi, tél. 04 95 72 09 87.
• Les Aiguilles de Bavella,
22 chambres, M. Manarini, tél. 04 95 72 01 88.

Bivouac à Quenza.

Hôtels à Zonza et Quenza.

Campings

Possibilité à Zonza (tél. 04 95 78 68 17) et à Serra di Scopamena (tél. 04 95 78 72 20).

Bibliographie

Consulter la liste des publications sur le site du Parc : www.parc-naturel-corse.com

Guides de randonnée

- GR 20, *À travers la Montagne Corse*, éd. Fédération française de la randonnée pédestre.
- *Haute route à ski / Alta Stradda. Version hivernale du GR 20*, éd. Parc naturel régional de Corse.
- *Le Grand Chemin* (Tavignanu-Restonica, Cuscionu-Bavedda, Monte Rinosu, Corse des sommets, Monte d'Oru-Uriente, Tours génoises Sud, Tours génoises Nord), coll. « Sentiers de Corse », coéd. Parc naturel régional de Corse / Albiana. Version anglaise : *The Great Hike*.
- *Carto-guide Centre Corse* (version française et anglaise), coédition Parc naturel régional de Corse / Albiana / OT de Corti.
- *Haute Corse*, coll. « Carte randonnée et patrimoine » n° 8, fond de données IGN 1 : 60 000, éd. Libris.
- *Corse du Sud*, coll. « Carte randonnée et patrimoine » n° 9, fond de données IGN 1 : 60 000, éd. Libris.
- *Falaises de Corse*, éd. Fédération française de montagne et d'escalade.

Editions du Parc naturel régional de Corse

- Faune et flore :
  - *Poissons de Corse, Atlas des reptiles et batraciens, Mammifères de Corse, Les oiseaux de Corse, Plantes et fleurs rencontrées, Arburi, Arbe et Arbigliule, Inventaire des champignons, Les forêts de Corse.*
- Ethnologie :
  La chasse en Corse, Parolle d'Eri (DVD)
- Arts traditionnels :
  Menuiseries traditionnelles, Habitats au toit en terrasse, La fresque en Corse, Croquis d'architecture rurale corse.
- Découverte du territoire et archéologie :
  Réserve de Biosphère (version française ou anglaise), Civilisations perdues en Alta Rocca, Sites archéologiques de Lévie, A la recherche des hommes de Cucuruzzu.

Ouvrages généraux

- *Corse*, Guide Hachette.
- *Corse*, Guide vert Michelin.
- *Corse,* encyclopédie régionale, collectif, éd. C. Bonneton.
- *Pieve et Paese*, collectif, éd. CNRS.
- *Corse, l'île des paradoxes*, collectif, revue Peuple Méditerranéen, n° 38-39.
- P. Antonetti, *Histoire de la Corse*, éd. R. Laffont.
- G. Culioli, *Terre des Seigneurs*, éd. Lieu Commun.
- L. Désideri, *Almanach de la mémoire et des coutumes*, éd. Albin Michel.
- G. Moracchini-Mazel, *Corse romane*, éd. Hachette.
- F. Pomponi, *Histoire de la Corse*, éd. Hachette.
- J. Poncin, *Paysages bâtis en Corse*, éd. La Marge.
- P. Simi, *Précis de géographie de la Corse*, éd. BSSHNC, n°11.
- G. Ravis-Giordani, *Bergers de Corse*, éd. Albiana.

La Corse

La Corse... cette île de la Méditerranée qui interroge, qui dérange, qui passionne. De cette passion exacerbée par l'insularité que l'on rencontre sur les terres de contrastes. Ce pays, où les paysages varient au rythme des vallées, où les différences architecturales témoignent des passages successifs, conserve toute son authenticité.
Ses couleurs et ses lumières sont une invitation à la découverte.
Sa situation géographique originale et son histoire tourmentée ont façonné la

Une invitation à la découverte

vie des gens, leurs moeurs et leurs coutumes.
Ses valeurs puisent leurs racines dans une Corse qui s'accroche encore à sa montagne, à son passé.
Pays d'hospitalité mais aussi de générosité, la Corse recherche son identité, son avenir, en un difficile équilibre entre tradition et modernité.

Les pêcheurs de Porto Vecchio

Il y a 23 millions d'années, la Corse et la Sardaigne formaient un bloc adjacent à la côte provençale et languedocienne. Ce bloc corso-sarde opéra alors une lente rotation de 30° autour d'un axe situé au Nord-Est de l'île. Au Miocène inférieur, voici quelque 18 millions d'années, la Corse atteignit sa position actuelle au centre de la Méditerranée occidentale.
« La Corse est une montagne dans la mer, celle-ci donne l'humidité : les vents l'apportent, les montagnes l'arrêtent et la condensent » écrivait à la fin du 19e siècle le géographe allemand Ratzel.
Cette célèbre citation garde toute sa véracité sur le plan climatique mais la formule plus lapidaire « la Corse, deux montagnes dans la mer », condense encore mieux la réalité géologique, géographique et historique de l'île :
- une montagne occidentale élevée granitique et rhyolitique, l'Au-Delà des monts, la « terra di signori » ;
- une montagne orientale moins élevée et schisteuse, l'En-Deçà des monts, la « terra del commune ».
Véritable château d'eau naturel, Kyrnos, « l'île chevelure » se pare d'une végétation abondante adaptée aux sols ingrats et aux conditions climatiques extrêmes : sécheresse et chaleurs estivales, violence des vents, froids rigoureux de la haute montagne. La proportion importante de plantes rares ou endémiques font de la Corse un paradis pour botanistes. Et l'un des attraits de l'île est sans doute l'infinie et surprenante variété des paysages botaniques qui s'étagent de 0 à 2 700 m.
Jusqu'à 600 mètres, à l'étage du chêne

Deux montagnes dans la mer

Quelques données

La Corse, avec 8 720 km2, est la troisième île de la Méditerranée. Elle est également la plus montagneuse (560 m en moyenne) avec plusieurs sommets au-dessus de 2 500 m. D'une longueur de 180 km et une largeur de 85 km, elle possède 1 000 km de littoral.

Elle est située à 160 km des côtes françaises et à 80 km des côtes italiennes. À l'extrême Sud de la Corse, on est plus proche de Tunis que de Lyon.

Le climat de l'île est de type méditerranéen, avec des températures littorales très douces l'hiver. Cependant, et cela étonnera, il pleut plus sur l'intérieur de la Corse qu'à... Paris, les pluies étant ici plus abondantes mais limitées dans le temps.

La Corse compte 250 000 habitants inégalement répartis sur le territoire (2/3 pour le littoral ; 1/3 pour l'intérieur). L'intérieur a atteint un seuil critique de -10 habitants au km².

Capu d'Osani

vert et de l'olivier, les différents types de maquis prédominent avec leur cortège d'espèces : pistachiers-lentisques, myrte, romarin, arbousier, ciste et autres bruyères arborescentes.
Épargnées par le feu, subsistent de belles pinèdes, de multiples chênaies et quelques forêts de chênes liège. Les olivaies et plus haut les châtaigneraies sont la marque de l'homme. Aux étages supérieurs prospèrent les forêts : hêtraies et majestueuses futaies de laricio puis, au-delà de 1 800 m, c'est le domaine des aulnes odorants, du thym « erba barona » et des pozzines.

Une tradition agro-pastorale

Dans l'intérieur de l'île, le pastoralisme jadis associé à une agriculture vivrière a toujours constitué un pilier de l'économie insulaire. Aujourd'hui, les mutations socio-économiques que la Corse a connues ont engendré une crise au niveau de la gestion de l'espace.
En effet, au début du 19e siècle, l'espace rural était fortement peuplé et exploité. Son utilisation était organisée de la manière suivante : autour des villages, sur des replats à mi-hauteur, vers 600 mètres d'altitude, se trouvaient regroupées les cultures les plus riches, les jardins potagers et les vergers. À l'extérieur de cette première zone, le terroir était cultivé selon un assolement biennal céréales-jachères. Les villages disposaient également de pâturages d'été, en montagne, et de pâturages d'hiver sur la côte. Ils exploitaient les bois (notamment des taillis de chênes verts) pour le combustible.

Quelques personnalités

Napoléon (1769-1821) – Empereur des Français. Il n'est pas besoin de le présenter, c'est effectivement le plus connu. Ses rapports avec la Corse ont été complexes. L'organisation administrative actuelle de la France est encore marquée de son empreinte.
Pascal Paoli (1725-1807) – Général de la Nation Corse, le héros de l'indépendance. Il tenta avec difficulté la mise en place de structures « démocratiques » inspirées de la philosophie des Lumières. La défaite à Ponte Novu l'obligea à l'exil.
Sambucucciu d'Alandu – Personnage un peu mystérieux qui participa activement à la mise en place de la Terre du commun (organisation communautaire des terres).
Sampiero Corso (1498-1567) – Personnage héroïque au destin tragique qui organisa l'intervention française contre Gênes.
D'autres personnalités ont marqué l'histoire : le Cardinal Fesch, les Ornano, Salicetti (Député du Tiers État), ...

Dans ce système agraire, vivant essentiellement en autarcie, l'élevage surtout ovin tenait une grande place : les animaux paissaient sur des jachères pendant les saisons intermédiaires, en montagne l'été et sur la côte en hiver. Laine, viande et lait étaient naturellement utilisés.
Dans la Corse de l'intérieur, ce système n'a cessé de se dégrader pour disparaître totalement dans la première moitié du 20e siècle. La culture des céréales, concurrencée par les importations du continent, fut la première abandonnée. La culture des jardins et vergers décline plus progressivement, mais son abandon est aujourd'hui très avancé. L'élevage s'est mieux maintenu, car les conditions sociales et économiques lui sont favorables.

Dans les années 50-60, au moment de l'apparition du concept « d'aménagement du territoire », la Corse a connu une rupture économique mais également sociologique.

Quelques repères historiques

6 000 avant J.-C. – Le plus vieux squelette ; la dame de Bonifacio date de cette époque. **5e siècle avant J.-C.** – Fondation d'Aleria par les Phocéens. **3e siècle** – Christianisation de la Corse. Débarquement des Romains. Forte romanisation de l'île. **Du 5e au 10e siècle** – Invasions successives : Ostrogoths, Vandales, Sarrasins, Lombards... **Du 11e au 13e siècle** – Corse pisane. L'art roman façonne les monuments de l'île. Création de Calvi, Bonifacio... **1358** – La Corse devient génoise. **1730** – Débuts des soulèvements contre Gênes. **1755** – Corse indépendante. Paoli, Général de la Nation Corse. **1768** – La France « achète » la Corse à Gênes. **1769** – Défaite de Ponte Novu contre les troupes françaises. Fin de l'éphémère indépendance. **1796** – La Corse devient définitivement française après la « protection » anglaise. **1943** – Premier département français à s'être libéré de l'occupation. **1975** – Naissance de la revendication autonomiste, début des actions violentes. **1982** – Statut particulier. **2001** – « Accord de Matignon ». **2002** – Projet d'un nouveau statut.

L'irruption du tourisme de masse

Les orientations étatiques ont dessiné l'avenir de l'île et entraîné des changements fondamentaux dans le paysage économique.
Cependant, lors de l'inventaire, le constat fut rude et sans équivoque : la Corse connaissait un retard important par rapport aux autres régions françaises :
– effondrement de la population accentué après le drame humain de 1914-1918 ; l'île compte alors moins de 200 000 habitants ;
– marginalisation de l'activité agricole et déclin du système agro-pastoral ;
– sous-exploitation des potentialités (eau, pêche, environnement).
À partir des années 1960, un effort d'équipement a favorisé l'amélioration du cadre de vie et des services publics (route, électricité...).
La mise en valeur de la côte orientale, quoique dictée par l'environnement politique extérieur, a permis le développement de cultures comme la vigne puis les agrumes et le kiwi. La création de cet espace agricole et le choix de productions de plus en plus spéculatives ont précipité la chute de l'agriculture traditionnelle et tourné des Corses vers l'élevage extensif (ovins, caprins, porcins).
En parallèle à ces transformations, l'activité touristique peu « rentable » dans les années 60 a connu une inversion de tendance.

Evisa

Le comportement des citadins de plus en plus orientés vers les loisirs a largement profité à la Corse.
La beauté de ses sites, un environnement intact, le développement des transports ont fait s'ouvrir la Corse au tourisme de masse.
La fréquentation a été multipliée par quatre et, aujourd'hui, c'est plus d'un million et demi de personnes qui découvrent l'île chaque année.
L'impact du tourisme, s'il est important pour l'économie de l'île, pose les problèmes inhérents à cette activité : caractère saisonnier de la demande, spéculation immobilière, maîtrise foncière et protection des sites. L'irruption du tourisme de masse, issu d'une certaine forme de modernité a des répercussions politiques, culturelles et sociales dans une société corse fragilisée par une « crise identitaire ».
Au-delà de ces caractéristiques spécifiques, seules une meilleure organisation de l'activité touristique, la structuration de produits attractifs, l'adaptation des transports à la demande, doivent tourner la Corse vers un tourisme performant.
Reste à définir dans l'économie locale, la part de cette activité qui a ses propres limites puisque c'est l'extérieur qui détermine largement les flux économiques.

Les rythmes de la communication

La grande dorsale qui culmine avec le Monte Cintu à 2 710 m, prend l'île en écharpe du Nord-Ouest au Sud-Est. Une île encore compartimentée par les reliefs secondaires qui isolent parfois avec des dénivellations brutales, une multitude de vallées, formant des micro-régions : les anciennes Piève. Une terre où aucun point n'est éloigné de plus de 40 km de la mer mais où l'espace s'évalue en temps, avec des distances comptées en heures :
– heures de voiture, même de nos jours, pour relier par des chemins détournés un point à un autre;
– journées de marche ou de mulet des anciens *tragulini* (colporteurs), par des sentiers escarpés mais directs qui, par les voies naturelles du commerce ancestral et de la transhumance, rapprochent villages et hameaux.
C'est ce rythme d'antan que vous allez ressentir en parcourant ces sentiers. Communiquer ici n'est pas un vain mot. Et à l'heure de l'étape, parfois après une phase de méfiance où transparaît la curiosité, vous appréhenderez mieux ce qu'est l'hospitalité dans les villages.

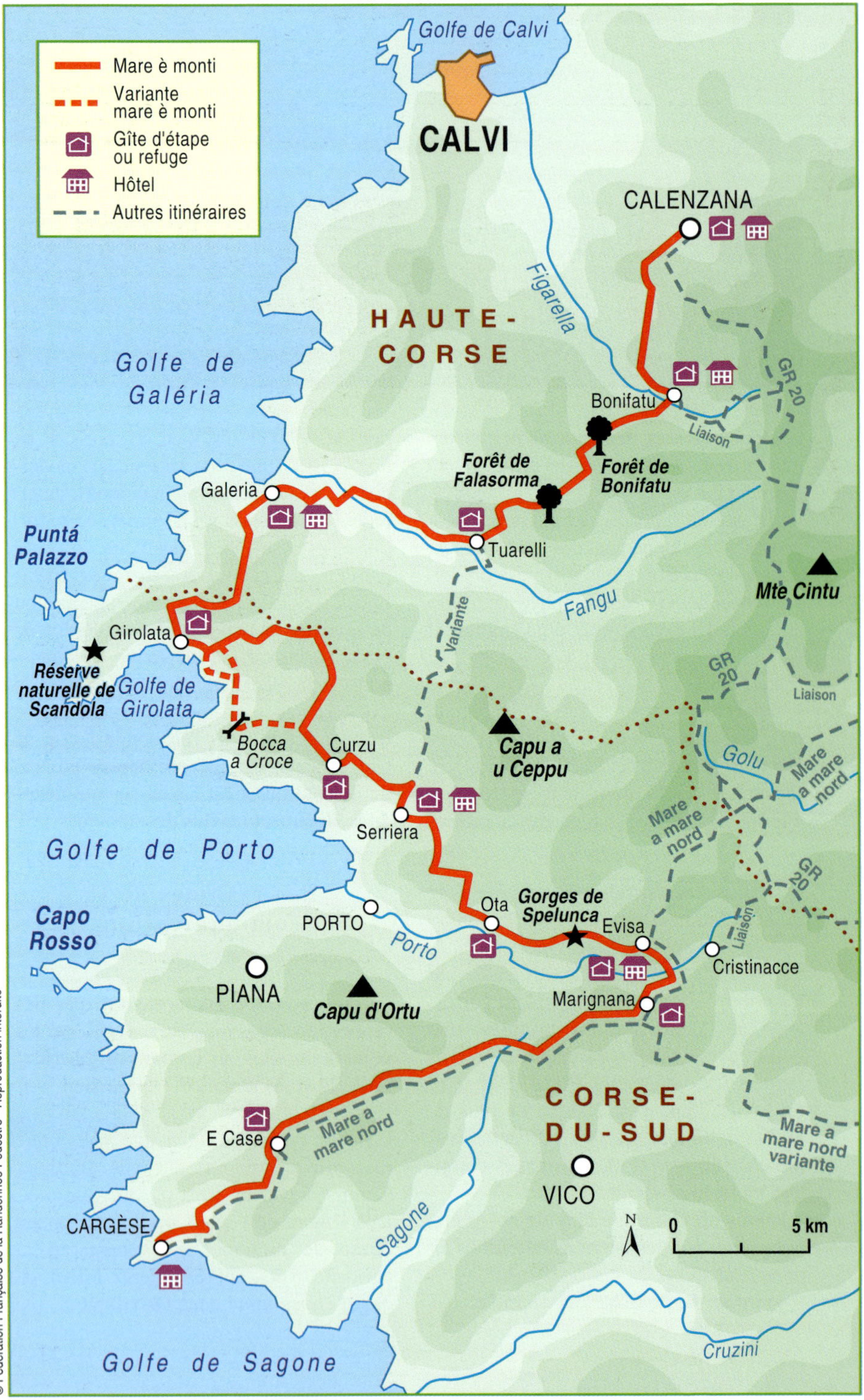
Mare è monti
Variante mare è monti
Gîte d'étape ou refuge
Hôtel
Autres itinéraires
Golfe de Calvi
CALVI
CALENZANA
HAUTE-CORSE
Figarella
Golfe de Galéria
GR 20
Bonifatu
Liaison
Forêt de Falasorma
Forêt de Bonifatu
Galeria
Tuarelli
Punta Palazzo
Fangu
Mte Cintu
Variante
Girolata
Réserve naturelle de Scandola
Golfe de Girolata
Bocca a Croce
Capu a u Ceppu
Curzu
Golu
Mare a mare nord
Serriera
Golfe de Porto
Capo Rosso
Ota
Gorges de Spelunca
Evisa
Cristinacce
PORTO
Porto
PIANA
Capu d'Ortu
Marignana
CORSE-DU-SUD
Mare a mare nord variante
E Case
VICO
CARGÈSE
Sagone
0
5 km
N
Golfe de Sagone
Cruzini

Mare e Monti

Calenzana-Cargese

Sur cet itinéraire, la mer et la montagne sont présentes à la fois. C'est au Sud de Calvi que le Mare e Monti prend son départ. Son cheminement, du Nord au Sud à la verticale de la mer, mais tout proche des plus hauts sommets, aidera à la découverte de la diversité et la richesse des paysages de la côte Ouest.

La Balagne : le jardin de la Corse

Calenzana, adossé au Monte Grossu (1 938 m) se situe à l'extrême Ouest de la Balagne.

Vaste région historique, entourée de hauts massifs et qui s'ouvre, grâce à son littoral, vers l'extérieur.

Autrefois, elle était appelée « jardin de la Corse » pour ses vergers d'oliviers, ses amandiers. Chaque village possédait son moulin *(i franghji)* pour produire l'huile d'olive qui était expédiée vers Gênes et la France.

Le golfe de Porto

La lente dégradation démographique et économique et les incendies ont transformé le paysage. La plupart des terres sont occupées par l'élevage ; quant au littoral, il connaît une expansion touristique importante.

Plus à l'Ouest, vers Galeria, la région du Filosorma accueille toujours les bergers du Niolu (au Nord de Corte) qui abandonnent leurs estives.

Un site classé « d'intérêt mondial » par l'UNESCO.

En surplomb de la mer, la perspective s'ouvre sur les joyaux de la Corse : la Réserve naturelle de Scandola et le Golfe de Porto.

Scandola, à l'extrémité de la façade maritime, est le fleuron du Parc naturel régional de la Corse.

La diversité des roches, les fonds marins, les criques, les couleurs « dessinent » un équilibre naturel.

Les deux tours génoises de Girolata et Porto dominent des golfes prestigieux aux falaises de granit rouge qui contrastent avec le paysage.

Ces deux sites, protégés et très appréciés, ne sont malgré leur développement touristique, que des hameaux d'Osani et d'Ota.

La montagne aux multiples forêts et rivières offre de nouvelles perspectives sur cette immensité de beauté.

Période conseillée, difficultés

Pas de difficultés particulières ; cependant, certaines étapes sont assez longues (7 heures) et demandent un entraînement à la marche. Le sentier est utilisable toute l'année, avec des moments privilégiés au printemps et à l'automne. En été, il faut partir tôt le matin pour éviter la chaleur. *À cette période, plusieurs sources de l'itinéraire sont taries : prévoir une quantité d'eau suffisante pour l'étape.*

Calenzana
Moncale
CARTES IGN
4149
4150
Capu di Pratu
Capu a e Vacche
Monte Sambucu
Bois de la Fratte
FORÊT COMMUNALE
Capu Ghiovu
FORÊT DE SAMBUCU
Punta Falcunaghia
Punta Pinzalone
Punta Scaffa
Punta di Ficaghiola
FORÊT DE BONIFATU
Cirque de Bonifatu
Liaison GR 20
CALENZANA

Étape 1
Calenzana
Bonifatu
4 h 45

Altitude maximum : 581 m
Dénivelés : montée 590 m
descente 287 m

Calenzana • 275 m

Du gîte situé à l'entrée de Calenzana, rejoindre le point de départ, à la sortie Sud-Est du village.

▶ Parcours commun avec le GR 20 pendant 50 mn.

1 Emprunter le chemin muletier qui monte vers la

45 mn • fontaine d'Ortiventi • 540 m

2 200 m après, quitter le GR 20 pour se diriger à l'Ouest vers Bocca a u Corsu (581 m). *Vues sur Calenzana et les villages de Balagne*. Descendre par l'ancien sentier dit « du facteur ». Franchir le ruisseau de Sambuccu et rejoindre la

3 **1 h • piste ONF • 412 m**

L'itinéraire traverse en courbe de niveau la forêt de Sambuccu entièrement reboisée, passe un petit col (454 m) puis descend légèrement au

4 **1 h 45 • pont sur la Figarella • 360 m**

Franchir le pont, longer la rive gauche du torrent et, après une courte montée en lacets, rejoindre la D 51 au lieudit

1 h • Bocca Reza • 510 m

Emprunter la route vers l'Est pour rejoindre le terminus routier et l'Auberge de la Forêt de

15 mn • Bonifatu • 535 m

▶ Jonction avec les bretelles du GR 20 conduisant aux refuges d'Ortu di Piobbu en 3 h 30, ou de Carozzu en 2 h 30 *(balisage jaune)*.

Temps retour : 4 h 40

Bonifatu – piste ONF 1 h 10 ; Bocca a u Corsu 2 h 30 ; Calenzana 1 h.

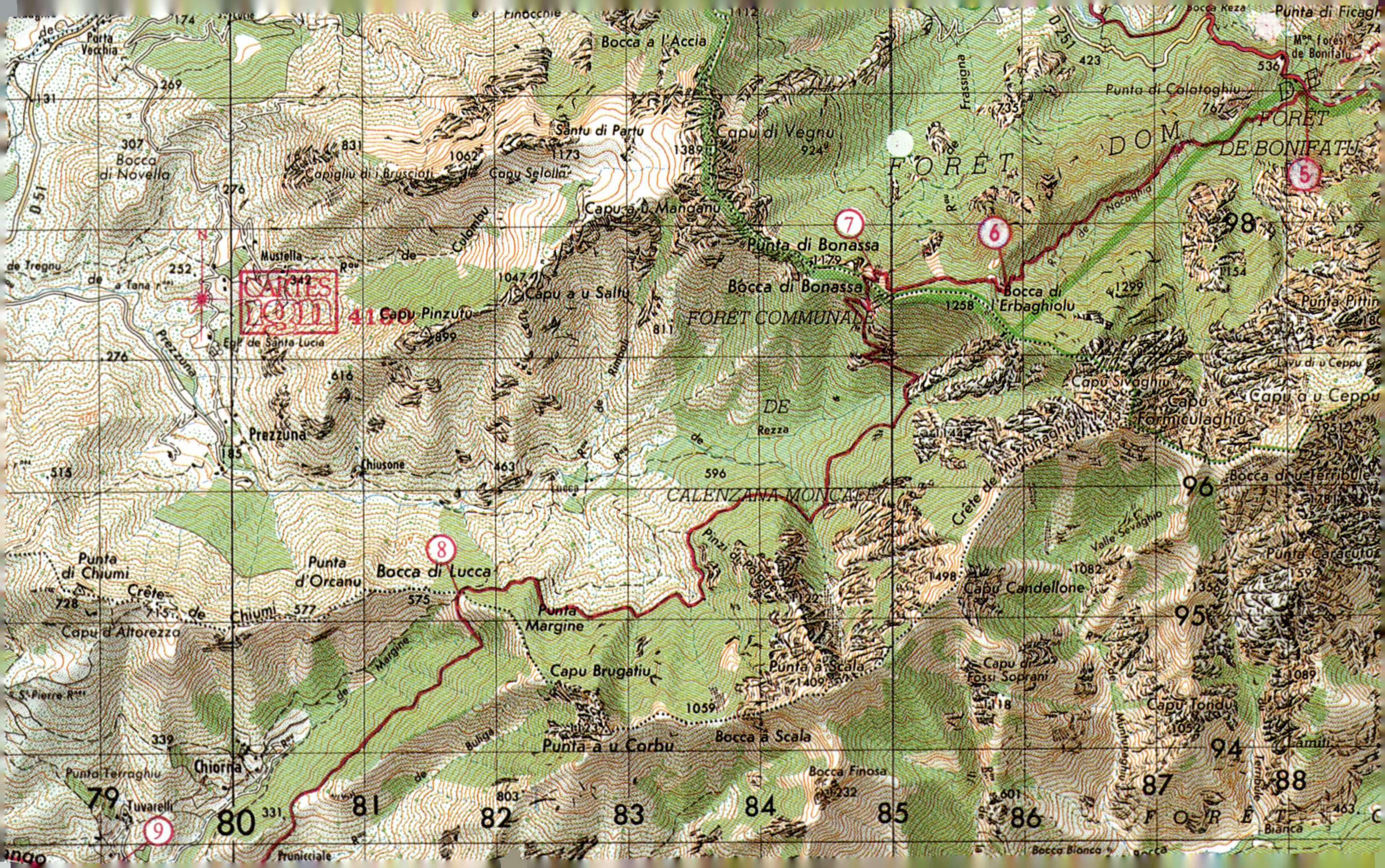

FORÊT DOM. DE BONIFATU
FORÊT COMMUNALE DE CALENZANA MONCALE
Punta di Ficaghja
Mon forest. de Bonifatu
Punta di Calatoghiu
Frassigna
Bocca a l'Accia
Santu di Partu
Capu di Vegnu
Capigliu di i Bruscioli
Capu Selolla
Capu a u Manganu
Punta di Bonassa
Bocca di Bonassa
Bocca di l'Erbaghiolu
Capu a u Saltu
Capu Pinzutu
Bocca di Novella
Punta Vecchia
Mustella
Prezzuna
Chiusone
Rezza
Capu Sivaghiu
Capu Formiculaghiu
Capu a u Ceppu
Lavu di u Ceppu
Punta Pittinaghja
Bocca di u Terribule
Punta Caracutu
Crête de Muntunaghiu
Valle Sevaghja
Capu Candellone
Pinzi di Poggiu
Punta a Scala
Capu di Fossi Soprani
Capu Tondu
Punta di Chiumi
Crête de Chiumi
Capu d'Altorezza
Punta d'Orcanu
Bocca di Lucca
Punta Margine
Capu Brugatiu
Punta a u Corbu
Bocca a Scala
Bocca Finosa
Bocca Bianca
Punta Terraghiu
Tuvarelli
Chiorna
Prunicciale
CARTES IGN 4150
5
6
7
8
9
79
80
81
82
83
84
85
86
87
88
94
95
96
98

Étape 2
Bonifatu
Tuarelli
6 h

Altitude maximum : 1 200 m
Dénivelés : montée 664 m
descente1 100 m

Bonifatu • 535 m

5 Au pont près de l'auberge, prendre le chemin de ronde forestier qui s'élève lentement vers le Sud-Ouest et passe près des ruines de la maison du Prince Pierre. L'itinéraire grimpe en lacets serrés dans une forêt de pins maritimes et de chênes verts.

6 À l'altitude de 1 200 m, le chemin s'oriente vers l'Ouest et à plat, sous la ligne de crête, qu'il franchit. On rejoint la

7 **2 h 30 • Bocca di Bonassa • 1 153 m**
Source à 5 mn de bocca di Bonassa, versant Nord au bord du sentier.
Redescendre versant Sud à travers une forêt de pins ; le chemin devient ensuite presque horizontal et contourne toute la vallée. Franchir plusieurs ruisseaux, toujours en forêt, perdre un peu d'altitude et atteindre

2 h 15 • Bocca di Lucca • 589 m

8 Le sentier chemine sur le versant Ouest du Capu Brugatiu et rejoint un petit col. Passer ensuite sur le versant Sud pour arriver au hameau de

1 h 15 • Tuarelli • 100 m

Piscines naturelles.

▶ Jonction avec le futur sentier de la transhumance vers le refuge de Puscaghja via la vallée du Niolu.

Temps retour : 6 h 00
Tuarelli – Bocca di Lucca 2 h ; Bocca di Bonassa 2 h 30 ; Bonifatu 1 h 30.

La sittelle corse

La sittelle corse est un passereau de petite taille (12,5 cm) au corps compact et possédant une queue courte et un long bec. Cet oiseau grimpeur ne vit qu'en Corse, entre 800 et 1 800 m, dans les forêts de conifères.
L'espèce ne fut découverte qu'en 1883 par l'anglais John Whitehead. La sittelle glane sa nourriture, insectes et pignes de pins, en explorant les frondaisons. Elle grimpe obliquement le long des troncs et peut se déplacer à la verticale, la tête en bas ! Autre particularité : la sittelle corse creuse son nid dans les troncs de pins morts ou décapités. Il faudra vraiment vous armer de patience pour l'observer.

Golfe de Galéria
Plage
Galéria
Pont des Cinq Arcades
Olmu
Nuvalezza
Leva
Tour Maraghiu
Quercu
Pont de Butigine
Pont de Tregnu
Bonella
Prezzuna
Mustella
Egl. de Santa Luc
Mucalellu
Guaitella
Punta Gineporellu
Punta di Chiumi
Crête de Chiumi
Capu d'Altorezzo
Pizzali Berg.
Punta Arnaghiale
St-Pierre
Punta Terraghiu
Tuvarelli
Chiorna
Prunicci
Pont de Tuvarelli-Chiorna
Cave à Fromages
Pirio
Fango
le Fango
D 81
D 351
D 51
Capu Tondu
e Canne Berg.
Mor Cant de Colombo
Capu Calancone
Pont de Calancone
Capu di Fessi
Bocca di Fessi
Capu di Scaraghiu
Berg. de Fugliaccia
Bocca a Ruja
Bocca Rossa
Punta Lucciu
PARC NATUREL
DU FANGO
Bosco di u Fango
FORÊT COMMUNALE
IGN carte 4150
N
9
10
11
12
13
14
15

Étape 3
Tuarelli
Galeria
4 h 45

Altitude maximum : 180 m
Dénivelés : montée 221 m
descente 271 m

Tuarelli • 100 m

L'itinéraire suit la rive droite du Fangu.

► Une variante, balisée en orange, permet de gagner directement Serriera par Bocca di Melza en 6 h 30 (773 m).

S'engager en direction Ouest sur un chemin de terre bordé de murettes et de cultures très bien entretenues.

9 Prendre sur la gauche l'ancien sentier de transhumance qui reliait Calvi au Niolu. À travers genévriers et buissons de myrtes, longer le fleuve Fangu pour arriver au

10 **1 h 45 • Ponte Vechju • 46 m**
Vue sur la grande barrière et Paglia Orba (2 325 m).

Franchir le pont sur le Fangu et emprunter la D 351 sur 1,5 km . Gagner le hameau du Fangu (29 m).

11 Suivre la D 81, franchir le pont puis utiliser à gauche le sentier longeant la route. Il s'élève au-dessus de la plaine et redescend jusqu'à un ruisseau.

12 L'itinéraire s'élève dans le maquis, passe près d'anciennes bergeries, continue à monter jusqu'à l'altitude 180 m.

Continuer direction Ouest pratiquement en courbe de niveau *(vue sur l'embouchure du Fangu)*. Descendre à travers le maquis jusqu'au village de

3 h • Galeria • 40 m

Temps retour : 4 h 45
Galeria – le Fangu 2 h 45 • Ponte Vechju 30 mn ; Tuarelli 1 h 30.

Punta di Stollu
I. Scuglietti
Punta Rossa
Punta Bianca
Punta Muvrareccia
Galéria
Anse d'Elpa Nera
Calca
Punta Validori
Croce di Porcu Liccatu
Piazzilellu
66
67
68
69
70
71
Baie de Focolara
Iles de Porri
Pinzu di i Corbi
Focolara Bergeries
Bocca a Roja
Bocca Rossa
F. DOM. DU FANGO
Site classé
Cullizzola di Tiba
Bocca di Fuata
Punta Lucciu
Punta di a Literniccia
Capu Licchia
Funtanella
Col de Palmarella
Bocca Ascone
Bocca a u Querciu
Punta a l'Ascione
Capu Puppiaghia
Bocca Acellaghia
Travoru
Martinaghia
Plage de Gradi
Girolata
Cala Vecchia
Plage de Cavone
Tuara
Berg. de Bidossu
Berg. de Chiostraccia
Berg. de Vajosa
Punta di Tuara
Cala di Tuara
IGN carte 4150
E DE GIROLATA
Variante
Capu di Linu
13
14
15
16
17
18
19

Étape 4
Galeria
Girolata
6 h

Altitude maximum : 874 m
Dénivelés : montée 754 m
descente 784 m

Galeria • 40 m

⑬ À partir du gîte, prendre à gauche, franchir le pont puis, 300 m plus loin, bifurquer à gauche.

⑭ S'engager dans un sentier agréable et ombragé rejoignant la retenue d'eau sur le Tavulaghju, puis remonter dans le lit du ruisseau tantôt sur une rive tantôt sur l'autre.

⑮ L'itinéraire s'élève en lacets dans une zone de végétation abondante, et pénètre dans une forêt de chênes verts *(vue sur le golfe)*. Gagner, sous une forêt de chênes verts, la

3 h • crête du Lucciu • 697 m
Se diriger vers Punta Literniccia (778 m) d'où l'on découvre le golfe de Girolata et le Capu Seninu.

▶ Possibilité de rejoindre le col de Palmarella (40 mn) et Punta di u Munditoghju sur l'étape Girolata-Curzu (itinéraire balisé).

Suivre la crête vers l'Ouest, passer au point coté 784 m et poursuivre toujours sur la ligne de crête qui s'abaisse progressivement.

⑯ Continuer en direction Ouest, prendre légèrement à droite pour rejoindre une croupe (602 m) et descendre sur

1 h 40 • Bocca di Fuata • 458 m

Par un beau sentier en pente douce, atteindre l'altitude 330 m.

⑰ Bifurquer à droite pour rejoindre le ravin de Cavone et gagner par le bord de mer

1 h 20 • Girolata

Navettes maritimes pour Calvi-Porto.

Temps retour : 6 h 20
Girolata – Bocca di Fuata 2 h 10 ; Punta Literniccia 1 h 40 ; Galeria 2 h 30.

IGN carte 4150
N
DE GIROLATA
Girolata
Plage de Gradi
Plage de Cavone
Punta di Tuara
Cala di Tuara
Bocca a Croce
Osani
Capu di Linu
Variante
Var.
Capu di Curzu
Curzu
Site classée
Col de Palmarella
Punta a l'Ascione
DU FANGO
Punta di Capu Tondu
Punta di u Tarravellu
Bocca Ascenso
Punta Verdiola
Punta Salisei
Punta di Tragana
Bocca di u Ruzatoghiu
Sant'Angelu
Partinello
Capu a Cura
Capu Finosu
Punta Castellacciu
Monte Senino
ap Senino
Bocca Ascone
Bocca a u Querciu
Puppiaghia
Punta Arbitroni
Tuara
Martinaghia
Capu Cadumalzi
Crête de Salisei
Filitogna
17
18
19
20
21
22
23
85
86
87
88
89
90

Étape 5
Girolata
Curzu
6 h 30

Altitude maximum : 852 m
Dénivelés : montée 852 m
descente 562 m

Girolata

De la plage de Girolata, prendre le sentier sur la gauche après le pont.

►Le sentier sur la droite est la variante qui emprunte le sentier des douaniers longeant la côte pour rejoindre Bocca a Croce et ensuite le Mare Monti à Capu di Curzu.

Prendre le sentier qui se dirige au Sud-Est jusqu'à un

⑱ **45 mn • petit col • 150 m**

►Jonction avec la variante de Bocca a Croce ; voir ci-dessous.

Bifurquer à gauche puis monter en direction Nord-Est en passant par le point coté 267 pour atteindre la

⑲ **1 h 15 • D 81 • 352 m**

Poursuivre à droite pendant 300 m puis s'engager dans un sentier directement Nord-Est jusqu'à

45 mn • Punta di u Munditoghju • 640 m

Continuer vers l'Est jusqu'au pied de la Punta di u Tartavellu. Longer le flanc Ouest pour arriver à Bocca Ascensu (742 m). S'élever direction Sud, laisser sur sa gauche Punta Salisei (927 m) pour descendre jusqu'à la

⑳ **1 h 45 • Source aménagée de Salisei • 790 m**

Suivre parfaitement la crête en obliquant au Sud-Ouest jusqu'à

50 mn • Capu di Curzu • 852 m

Entamer la descente plein Ouest puis rejoindre un col.

㉑ S'orienter plein Sud pour perdre de l'altitude rapidement ; franchir deux flancs de vallons et passer la crête pour gagner, par des lacets serrés, le gîte d'étape en contrebas du village sur la D 81.

1 h • Curzu • 290 m

Temps retour : 6 h 20

Curzu – Capu di Curzu 2 h 20 ; Punta di Tartavellu 1 h ; D 81 1 h 40 ; Girolata 1 h 20.

Variante de Bocca a Croce • 3 h 30

⑱ Du petit col, continuer vers la plage de Tuara. Remonter en passant près de la source de Spana jusqu'à

1 h 30 • Bocca a Croce • 269 m

Traverser la route, prendre plein Est sous Capu di Linu. Monter au

㉑ **2 h • col • 750 m**

Punta di Tragana
Punta di Sant'Antone
Capu di Curzu
Curzu
Bocca di u Ruzatoghiu
Capu Pinetu
Pinetu
Capu d'Orca
Favale
Variante
Sant'Angelu
Partinello
Vetriccia
Vignale
Capu Razzozu
Aghiallitu
Site classé
Serriera
Umbriccia
Bonorca
Pont de Serriera
Paglia
Capo Paolu
Traghino
Punta di u Pinnacchiu
Bocca Pagliaghia
Bianca
Bussaglia
Capu San Petru
Pedua
FORÊT DOM. DE
IGN cartes 4150
4151
Bocca Lenzana
Porto Marina
Tour de Porto
Porto
Guatta
Portu di a Castagna
Le Pont de Porto
Monte Albello
Suaglione
Niello
Fiuminale
Santa Lucia
Custarella
Funtana di a Castagna
Forêt Communale
Punta di a Pianetta
22
23
24
25
26
27

Étape 6
Curzu
Serriera
3 h 30

Altitude maximum : 360 m
Dénivelés : montée 364 m
descente 604 m

Curzu • 290 m

Du gîte, remonter par les ruelles en haut du village. Prendre direction Sud-Est ; l'itinéraire s'élève légèrement et continue en courbe de niveau en dominant la baie de Porto et le village de Partinellu. Le sentier franchit une épaule dégagée (281 m) appelée A Culetta.

22 Se diriger vers l'Est et descendre vers la rivière de Vetricella, la franchir à gué. La suivre vers l'amont sur une cinquantaine de mètres. Le sentier remonte sur l'autre versant et rejoint le

23 **2 h 30 • chemin de Serriera à Pinetu • 350 m**
Intersection avec la variante venant de Tuavelli (6 h 30).
Source à 10 mn, au hameau abandonné de Pinetu.
Continuer à droite et emprunter un large sentier qui descend direction Sud-Ouest jusqu'à

30 mn • Bocca di u Furcatu • 190 m
Quitter le sentier pour bifurquer sur la gauche ; après avoir passé la crête, le chemin redescend par des petits lacets jusqu'à

30 mn • Serriera • 30 m

Le gîte d'étape « l'Alivu » se trouve au centre du village.

Temps retour : 4 h
Serriera – Pinetu 1 h 10 ; Vetricella 40 mn ; Partinellu 50 mn ; Curzu 1 h 20.

Scandola une réserve très naturelle

Créée le 9 décembre 1975, Scandola fut la première réserve de France à double vocation : marine et terrestre. Sa superficie est de 900 ha sur terre et de 1 000 ha marins. Cette presqu'île d'origine volcanique ferme au Nord le golfe de Porto-Girolata, seul site naturel français figurant sur la liste du patrimoine mondial de l'Unesco. Scandola offre dans une explosion de couleurs ses paysages et escarpements fantastiques, ponctués de curiosités géologiques comme les orgues rhyolitiques ou les « tafoni », sculptures en creux modelées par le vent et le sel des embruns. Sur les falaises rouges s'accroche la végétation : myrtes, lentisques, euphorbes arborescentes, chênes verts, maquis dense à arbousier, bruyères arborescentes et cistes jusqu'à 500 m d'altitude.

À fleur d'eau se développe une algue calcaire qui s'agglomère au fil des ans pour former, dans certaines grottes, de véritables trottoirs.

La transparence et la pureté de l'eau permettent le foisonnement de la vie sous-marine. L'herbier de Posidonies, poumon de la Méditerranée, y prospère jusqu'à moins 45 m.

La santé de cette plante à fleurs et à fruits est un indicateur du niveau de pollution de la Méditerranée. Les herbiers ont ainsi régressé près de certains rivages fortement urbanisés, sur la Côte d'Azur et ailleurs... Les recherches menées à Scandola pour expérimenter la technique du bouturage sont fondamentales pour l'avenir.

Les scientifiques suivent et étudient également les populations de nombreuses espèces d'oiseaux rares qui nichent ou séjournent à Scandola et en font un site d'intérêt ornithologique exceptionnel : balbuzards pêcheurs, cormorans huppés, faucons pèlerins, puffins cendrés, aigles royaux...

Pour sa gestion exemplaire, pour les recherches qui y sont menées, Scandola a obtenu en 1985 le diplôme de catégorie 1 des Réserves naturelles Européennes.

Étape 7
Serriera
Ota
6 h 30

Altitude maximum : 910 m
Dénivelés : montée 880 m
descente 570 m

Serriera • 30 m

Le tracé figure sur la carte de la p. 34.

Traverser le village, franchir une passerelle sur le ruisseau de Santa Maria et remonter pour emprunter la route forestière de Lonca sur 2 km.

24 Dans un virage à droite très marqué, s'engager sur le sentier qui monte plein Sud. Franchir le mur qui délimite la forêt domaniale. Rejoindre un belvédère rocheux dominant Serriera et sa région. Monter dans une forêt de pins pour rejoindre une châtaigneraie marquant la

25 **3 h 10 • crête • 900 m**

À 20 mn à droite, sommet de Capu San Petru (914 m) (point de vue).

Poursuivre plein Est un large sentier. Passer à proximité d'une maisonnette (séchoir à châtaignes).

26 Obliquer à droite pour amorcer la descente vers Ota *(source de Vitrone)*. Le sentier s'engage alors dans le ravin de Vitrone direction générale Sud-Ouest, enserré par d'imposantes parois de porphyre rouge, et longe le lit du ruisseau par une suite de lacets bien tracés et aménagés.

27 À la sortie du ravin, le sentier se dirige au Sud puis, au point coté 461 m, il s'oriente à l'Est. Franchir en courbe de niveau une succession de crêtes pour atteindre

3 h 20 • Ota • 320 m

Temps retour : 6 h 30

Ota – source de Vitrone 2 h 45 ; Crête San Petru 30 mn ; route forestière de Lonca 2 h ; Serriera 45 mn.

La légende de Capu d'Ota

Surplombant le village d'Ota, le rocher Capu d'Ota paraît menacer directement les habitations.

Les voyageurs, curieux, demandent fréquemment aux villageois s'ils se sentent en sécurité malgré cet impressionnant bloc de pierre au-dessus de leurs têtes.

À cela, sereins, « i paesani » répondent que depuis toujours, des moines se relaient pour retenir le rocher grâce à de très grosses chaînes. De ce fait, ils sont totalement rassurés. Bénédiction divine, confiance en leur bonne étoile, ou plus simplement, malice des villageois, s'amusant de la crédulité de leurs hôtes ?

De toute façon, à Ota, le soir, on s'endort du sommeil des sages...

IGN carte 4151
Mare a mare nord
Mare a mare nord variante
27
28
29
30
31
32
33
Porto
Ota
Evisa
Marignana
Mezalu
Gorges de Spelunca
Capu d'Orto
Capu a a Curnacchia
Bocca a u Mamucciu
Ponte Vecchiu

Étape 8
Ota
Marignana
5 h

Altitude maximum : 830 m
Dénivelés : montée 650 m
descente 260 m

Ota • 320 m

Du centre d'Ota, le sentier emprunte une ruelle menant en contrebas du village. Descendre en pente douce à l'ombre des oliviers. Franchir le fleuve le Portu sur le

40 mn • Ponte Vechju • 200 m

Pont génois remarquable par son architecture.

Continuer sur 250 m, traverser le stade et franchir la route au confluent des rivières de Lonca et l'Aïtone.

28 S'engager dans le défilé de la Spilonca et suivre la rive gauche de la rivière en prenant lentement de l'altitude jusqu'aux confluents de l'Aïtone et de la Tavulella. La franchir par le

40 mn • pont génois de Zaglia • 280 m

Le sentier s'élève par des lacets très raides mais réguliers. Il prend très vite de l'altitude en s'appuyant sur de nombreux murs de soutènement contre la paroi rocheuse dominant les gorges.

29 Arriver à une source aménagée, puis continuer sous le couvert des chênes verts, qui, progressivement laissent la place aux pins maritimes. La montée reste soutenue et le sentier débouche à l'entrée du village. Par la route, atteindre le centre d'

2 h 10 • Evisa • 850 m

▶ Jonction avec le Mare a Mare Nord qui permet de gagner le Castel di Vergio par le sentier du châtaignier (3 h 30).

Prendre une ruelle à côté du Bar de la Poste et rejoindre la D 24 à la hauteur du gîte d'étape ; emprunter cette route à gauche sur 800 m.

30 S'engager dans un sentier qui descend à droite d'une chapelle vers la rivière de Tavulella. Le franchissement s'effectue par une passerelle mobile pour gagner le hameau abandonné de

1 h 10 • U Tassu • 700 m

Quitter celui-ci par l'Ouest d'abord sous les châtaigniers puis à découvert ; l'itinéraire domine alors le pont routier de Tavulella avant de rejoindre en courbe de niveau l'entrée du village de

20 mn • Marignana • 720 m

Temps retour : 4 h 20

Marignana – U Tassu : 30 mn ; Evisa : 1 h ; Ponte Vechju : 2 h ; Ota : 50 mn.

IGN carte 4151
32
33
34
Foce d'Orto
Capu di u Vitullu
Capu a a Curnacchia
Calle a u Pirellu
Bocca a u Fussu
Capu a e Macenule
Capu di a Pulmunaccia
Capu di Santa Degna
Culletta a u Prunu
Bocca a Pertusella
Chidazzu
Ghineparu
Monte Rotondu
Crête de Mozzarese
Punta di Valle Longa
Punta di a Scavata
Punta di u Vitullu
Tumbalellu
Sulleoni
Crête de San Chilgu
Capu a u Monte
Capu Ricciu
Capu di Calazzu
Capu a e Forbice
Foce d'Esta
Culletta di Tusa
Bocca di Botta
Bocca d'Acquaviva
Frisgiatellu
Monte Rotondu
Campori
Valdarone
Bussellu
Conche
Chialza
Muricce
Palmu
Anc. mine de cuivre
Inguazzato

Étape 9
Marignana
E Case
6 h 30

Altitude maximum : 1 102 m
Dénivelés : montée 610 m
descente 720 m

Marignana • 730 m

Du gîte, remonter vers le centre du village jusqu'à l'église en face de la mairie, prendre la ruelle de gauche. Gagner le stade.
Remonter jusqu'à la crête, laisser le sentier qui part sur la gauche *(variante du Mare a Mare Nord)*, suivre la piste en terre et bifurquer sur la gauche en suivant bien le balisage qui mène à Bocca a u Mamucciu.

(31) Poursuivre à droite sur la crête en direction Ouest puis s'orienter au Sud-Ouest en courbe de niveau au-dessus de la vallée du Fiuminale. Après quelques passages sous châtaigneraie *(point de vue)*, le sentier continue pour aboutir à

1 h 35 • Culetta a u Prunu • 970 m

Le sentier descend sur la droite en lacets dégradés dans la châtaigneraie de Vaccarecciu, où l'on trouve à proximité un séchoir en ruines et une

(32) **10 mn • source aménagée • 850 m**

Poursuivre ensuite la descente jusqu'au niveau du ruisseau de Vaccarecciu (780 m) et le franchir ; remonter, par un parcours dégagé, jusqu'à

1 h 30 • Bocca Acquaviva • 1 102 m

Du col, l'itinéraire rejoint les bergeries de Casta.

(33) Descendre d'abord de manière assez abrupte avant de pénétrer sous le couvert du très haut maquis de la vallée de Rognia. Continuer alors le sentier à l'ombre des chênes verts, arbousiers, bruyère... Peu à peu, la pente devient moins raide. *Des plates-formes en demi-cercles soutenues par des murettes (e carbunare) témoignent d'une ancienne exploitation du maquis pour la production de charbon de bois. De l'autre côté de la rivière (580 m) une ancienne mine de cuivre témoigne également de l'activité économique passée.*
L'itinéraire s'éloigne progressivement du lit de la rivière principale, sans varier d'altitude jusqu'à un

(34) **2 h 45 • Embranchement • 560 m**

S'engager à gauche pour rejoindre le gîte situé au hameau

30 mn • E Case • 605 m

Temps retour : 6 h 30

E Case – Bocca Acquaviva 3 h 15 ; Culetta a u Prunu 1 h 45 ; Bocca a u Mamucciu 1 h 20 ; Marignana 10 mn.

IGN carte 4151
34
35
36
37
38
Golfe de Topiti
Golfe de Chiuni
Golfe de Peru
Cargèse
Menasina
Capu di Bagliu
Forêt d'Esigna
Bocca di Gratella
Punta di u Ghiniparellu
Punta di Crulia
Crête de Pianu Maggiore
Gratella
Revinda
Lozzi
Village de Vacances
Chiuni
Marchese
Frimicaghiola
Plage de Peru
Bocca di a Torraccia
Murzela
Paomia
Bocca a Merla
Piazzilellu
Bergerie Ruinée de Santa Lucia

Étape 10
E Case
Cargese
5 h

Altitude maximum : 650 m
Dénivelés : montée 380 m
descente 910 m

E Case • 605 m

Repartir plein Sud. Après quelques minutes de marche en courbe de niveau, descendre jusqu'au ruisseau de Mastica (à sec en été). Remonter ensuite sur le plateau de Petracqua (650 m), recouvert d'immenses arbousiers, qui domine la crête de Pianu Maggiore. Continuer le long de cette crête *(panorama vers le golfe de Chjuni)* jusqu'à une

35 **1 h • éminence rocheuse • 471 m**
Bifurquer à gauche à travers le maquis, pour descendre en lacets jusqu'aux

36 **50 mn • Bergeries de Santa Lucia • 220 m**
Descendre jusqu'au ruisseau d'Esigna et le traverser. Prendre la piste qui longe le ruisseau.

37 Passer d'une rive à l'autre pour arriver en contrebas du village de
1 h 40 • Lozzi • 50 m
Quitter la piste et prendre le sentier qui monte sur la gauche, en laissant Lozzi sur sa droite. Continuer la montée jusqu'à la route (380 m).

38 Repartir en direction plein Ouest en longeant un mur d'une exploitation agricole pour atteindre le haut du village de
1 h 30 • Cargèse • 96 m

Temps retour : 6 h
Cargèse – Lozzi 2 h 15 ; Bergeries de Santa Lucia 1 h 30 ; E Case 2 h 15.

Le charbon de bois

Dans la forêt d'Esigna que l'on traverse en gagnant Lozzi après avoir passé les bergeries de Santa Lucia, des aires circulaires de 2 à 3 m de diamètre supportées par des murs de soutènement sommaires, témoignent de l'exploitation passée du maquis pour la production de charbon de bois.

En effet, il s'agit des « carbunare » sur lesquelles « i carbunari » édifiaient autour d'une cheminée de tirage une meule de bois savamment ordonnée. Recouverte de terre, cette meule était ensuite enflammée par sa cheminée et se consumait lentement, produisant le charbon de bois, qui pour l'essentiel était exporté hors de Corse, souvent vers l'Espagne.

HAUTE-CORSE
CORSE-DU-SUD
CORTE
CALENZANA
VESCOVATO
MOROSAGLIA
LA PORTA
PIEDICROCE
Monte San Petrone
Moriani
I Penti
Val-d'Alesani
CERVIONE
SERMANO
Pianellu
MOÏTA
Santa-Lucia-di-Mercurio
CALACUCCIA
Albertacce
Casamaccioli
A Sega
Casanova
Poggio-di-Venaco
VENACO
Noceta
VEZZANI
Vivario
Vizzavona
GHISONI
Onda
Bocca d'Oreccia
Monte d'Oru
Monte Cintu
Monte Renosu
BOCOGNANO
Pastricciola
Guagno
Guagno-les-Bains
Soccia
Renno
Cristinacce
Evisa
Marignana
Verghju
VICO
E Case
CARGÈSE
PIANA
PORTO
SARI-D'ORCINO
Golfe de Galéria
Puntá Palazzo
Golfe de Porto
Capo Rosso
Golfe de Sagone
Figarella
Fangu
Golu
Tavignanu
Vecchiu
Alesani
Porto
Liamone
Cruzini
Gravona
Fium Orbo
GR 20
Liaison
Mare è monti
Variante
Var.
0
10 km
N
Mare a mare nord
Variante mare a mare nord
Liaison mare a mare nord
Gîte d'étape ou refuge
Hôtel
Autres itinéraires

Mare a Mare Nord

Moriani-Cargese et Variante

L'itinéraire est formé d'un **sentier principal** et d'une **variante**. Le sentier principal va de Moriani à Cargèse et emprunte sur la partie finale le Mare e Monti. La variante passe plus au Sud.

La citadelle de Corte

La diversité des paysages et des traditions

De vallées en vallées, l'itinéraire s'étire au pied des plus hauts sommets.

Les montagnes majestueuses accompagnent le randonneur : Cintu, la plus grande (2 706 m) et Paglia Orba, la plus belle... Forêts (Valdu Niellu, Aïtone) et rivières (Tavignanu, Golu) rythment les étapes.

Le cheminement permet d'utiliser les bretelles du GR 20 pour visiter un lac, pour « faire » un sommet, puis reprendre le cours du sentier vers la mer.

Chaque région traversée a sa propre personnalité et son propre passé. Le Morianincu, contrastes saisissants et brutaux entre mer et montagne, à l'habitat préservé et typique, le Boziu, pays des églises et fresques et haut lieu de la poésie, notamment des chants polyphoniques *(Paghjella)*, offre sa richesse culturelle.

Corte, curiosité architecturale et historique, est restée longtemps la capitale de « l'intérieur » ; elle est devenue la capitale historique de la Corse indépendante (XVIIIe siècle).

Le Venachese (Venacais) et le Niolu ont une forte tradition pastorale où la transhumance rythmait la vie des gens. Le vaste plateau du Niolu sous la chaîne du Cintu est une terre de bergers. Autour de celui-ci, s'est cristallisée une certaine mythologie et il est devenu ainsi un des gardiens de la tradition.

Période conseillée, difficultés

Le sentier et sa variante ne présentent pas de difficultés particulières. Du fait de passages à 1 500 m, les deux itinéraires ne sont fréquentables que de la mi-avril à novembre.

Moriani-Plage
Padullela
San Nicolao
Castellana
Piedigrado
Repiola
Tribbiolu
Punta di u Tribbiolu
Mucchio
Fano
Casanova
Timone
Solicciani
Terricio
Assalina
Prunete
Venzolasca
Coccola
Bonaldo
Serrale
Castello Vecchio
Cioti
Reggetto
Comm. de San Giovanni-di-Moriani
Punta di San Mamilianu
Croce di Zuccaro
CARTE IGN n° 4350
Mont du Concone
Mont Olmelli
Campolo Ciasco
Col de Foazzote
Monte di e Tre Pievi
Poggiale
Piova
Comm. de Felce
Penti
Forci
Comm. de Santa-Reparata-di-Moriani
Casuccio
Mt Razza
Nappuccio
Bocca di Sambuchi
Mt Castello d'Osari
Cime Tonde
Monte Negrine
Pointe d'Albarello
Pietra Pinzula
Cicerale
Casoli
Santa-Maria-Poggio
Vagheri
Comm. de Valle di Campoloro
Cervione
Mascheraccia
Valle-d'Alesani
Quarcetto
Castagneto
Pintalbe
Plaine de Salignica
Foreste
Fenicce
N 198
D 34
D 330
D 334
90
88
87

Étape 1
Moriani
I Penti
3 h 30

Sentier principal

Altitude maximum : 600 m
Dénivelés : montée 600 m

Moriani

(1) Prendre, dans Moriani-centre, la D 34 sur environ 400 m puis la quitter en prenant une petite route sur la gauche. Suivre la route principale jusqu'au lieudit Casanova. Prendre à droite une petite route très raide qui se transforme en piste. Rejoindre la D 34 que l'on coupe trois fois avant d'atteindre

1 h • l'église de San Nicolao
Le sentier contourne le hameau de Piedigrado pour arriver à

(2) **30 mn • Castellana (San Nicolao) • 269 m**

De la mairie, gagner la D 34 ; la suivre sur 300 m. La quitter sur la gauche et atteindre Repiola. À la sortie du hameau, reprendre la D 34 sur 500 m et arriver à

(3) **30 mn • Tribbiolu • 515 m**
Par une descente rapide, franchir une première fois le ruisseau de Buccatoghju, puis une seconde fois pour remonter à

1 h 30 • I Penti
Sur la commune de Santa Réparata di Moriani.

Temps retour : 2 h 15
Penti – Moriani 2 h 15

Cavallari
Punta di Caldane
Cornacchina
Pierricaggio
Vitulettu
San Michele
Cipatorno
Sce Minérale de Pardina
Pied'Alesani
Quarcetto
Valle-d'Alesani
Castagneto
Sant'Alessio
Pintalbe
Petica
Terrivola
Casella
Fungaja
Perelli
Piazzali
Carchepiane
Couv. d'Alesani
Pentarelle
Ombriaccia
Penta Bulella
Novale
Ortale
Chinta
Fette
Lupaghe
Diceppu
Cozzi
Tamburi
Col de Muteri
d'Erbolane
de l'Orsaja
Sasse
Monte di Castelle
Sambuchetto
St Vincent
Bravona
Punta di Valle Majo
Padulone
Caposciasca
Poggio
Pianello
Pianelluccio
Ostricacce
Olmeta
Pointe de Figarello
Mt de Pruno
Mt Falcone
Castello
Rocher de Muteri
Mozzone
Pietravezza
Vione
Monte Altu
Pastino
Bocca a u Purtellu
Albarello
Granaja
San Pancrazio
Mucchio
Pietra-di-V
Punta a i Termini
Bocca di Fracassu
Vaccilella
St de Siala
Ficoline
Scrizzalu
Bocca di San Gavinu
la Croix
Prato
Santa Maria
Anc. Mine de Realgar
Col de
Milaria
Poggio Rnes
Sorbello
Cima di Calle ruccio
Muffraje
Levitolo
Terniccia
Bne
CARTES IGN n° 4250 - 4350
4251 - 4351

Étape 2
I Penti
Pianellu
8 h 30

Altitude maximum : 1091 m
Dénivelés : montée 896 m
descente 702 m

► Il est préférable de scinder en deux cette étape en s'arrêtant au gîte de Pied'Alesani.

I Penti • 615 m

4 Continuer sur la D 34 jusqu'au lieudit I Forci.
Redescendre jusqu'aux ruisseaux de Badionzole et de Casucciu *(passerelle)* et continuer en suivant la courbe de niveau dans une châtaigneraie jusqu'au ruisseau de la Piada. Remonter ce dernier en longeant la rive, et le traverser à l'altitude 785 m. Continuer par des lacets jusqu'au plateau. Le sentier passe au pied du mont Castello pour atteindre Bocca di Sambuchi puis, un peu plus loin,

2 h 30 • Bocca Frate Mortu • 981 m

Suivre en courbe de niveau et arriver à la chapelle de San Alesiu. De là, descendre dans une châtaigneraie pour arriver à

1 h 30 • Pied'Alesani (Val d'Alesani) • 680 m

5 Traverser une châtaigneraie, atteindre la D 217 puis poursuivre jusqu'au pont de Terniccia. Suivre sur 300 m la D 217 pour arriver à la chapelle du hameau de Casella. Remonter jusqu'à Perelli, puis au hameau de

1 h 30 • Funcaja • 750 m

6 Monter en suivant le ruisseau de Limasco et suivre la crête jusqu'au col de Mutari. De là, descendre (Sud-Ouest) vers la fontaine d'Erbolane. Franchir un ruisseau, puis continuer la descente jusqu'au ruisseau de Bravona, le traverser par une passerelle et bifurquer à gauche (Sud-Est) jusqu'à

3 h • Pianellu • 809 m

Restauration sur commande.

Temps retour : 8 h

Pozzo di Padule Secce
Sant Alesio Chle
Col Sant'Antone
Chiosella
Bustanico
Spina Razeta
Punta di Caldane
CARTES IGN n° 4250-4350 4251-4351
Sermano
Col de Bozio
Alando
Alzi
Castellucciu
San Pancraziu Chle
Bravona
Punta di Casellaccio
Monte di Castelle
Dui Mulini
de l'Orsa
Sasse
d'Erbolane
Capizzali
Chap. Sant'Agostino
Mazzola
Poggio
Rebbia
Arbitro
Piedilacorte
Egl. Sant'Andréa
d'Orzale
San Servanio
Punta di Valle Majo
Favalello
Punta Licciola
St François
Varianté
Pinello
Campidondico
Caposciasca
Poggio
Pianello
Pianelluccio
Ostricacce
Olmeta
Pointe de Figarello
Col de la Foata
Pointe de Tuberca
Commune de Sant' Andréa di Bozio
Querciolo
Monaco
Ritelle
Guarinola
Punta alla Fava
Pyl Ancalo
Pietre Strette
Orat. San Cervone
San Comizio
Ciglione

Étape 3
Pianellu
Sermano
4 h 50

Altitude maximum : 1 035 m
Dénivelés : montée 542 m
descente 602 m

Pianellu • 809 m

(7) Prendre en direction de Caposciasca, atteindre Poggio, puis le ruisseau de Canale. Couper une piste et remonter vers la chapelle

1 h 30 • San Pancraziu • 920 m

Continuer en traversant les hameaux de Castellucciu et atteindre Mazzola (900 m). Arriver à la D 15 ; la suivre sur 200 m puis emprunter un sentier qui mène à Alzi (780 m). Descendre et franchir le ruisseau de Pruna, revenir sur la route et arriver à

(8) **1 h 50 • Alando • 710 m**

Continuer à descendre, franchir les ruisseaux de Canapale et Rossu et arriver à

1 h 30 • Sermano • 750 m

Temps retour :
Sermano – Pianellu : 5 h 10.

Le Boziu

Situé à moins d'une demi-heure de Corte, la « pieve » du Boziu, offre aux randonneurs la découverte d'un panorama exceptionnel sur les hauts sommets de l'île, du Monte Cintu au Nord, jusqu'à l'Alcudina au Sud.

Cette région, marquée par l'histoire, permet la visite de nombreuses chapelles à fresques dans les villages typiques à l'architecture remarquable.

Les sentiers du Boziu serpentent à travers une végétation diversifiée, (châtaigneraie, maquis ou lande dénudée) que parcourent vaches et cochons en liberté.

La forte désertification dont a souffert cette région lui donne un aspect austère, qui contraste avec l'hospitalité de ses habitants.

Collo di San-Quilico
Tralonca
Bocca di Corcore
Cima di Santa Lucia
Bistuglio
Poggiolo
Piedivaldo
Sta Lucia-di-Mercurio
Monte Tomboni
Bocca di Civenti
CORTE
Panate
Castellare-di-Mercurio
Col de Bozio
Favalello
Casanova
San Fabriano
Aérodrome de Corte
4250
4251
N. 193
D. 41
D. 18
9
10
11
88
87
86
85
83

Étape 4
Sermano
Corte
5 h

Altitude maximum : 904 m
Dénivelés : montée 694 m
descente 1 049 m

Sermano • 750 m

Chapelle San Niculau du XIIe siècle ; fresques du XVe.

L'itinéraire commence au centre du village, à proximité de la poste. Continuer dans les ruelles du village pour arriver à la chapelle San Niculau. Franchir le petit ruisseau d'Isula pour arriver à un croisement.

(9) Prendre à droite le sentier en courbe de niveau, puis descendre, en coupant la D 41 à deux reprises jusqu'au

40 mn • ruisseau de Castellare • 540 m

Remonter fortement jusqu'à la route D 241 puis continuer pour atteindre

20 mn • Castellare • 610 m

Monter régulièrement vers la chapelle de San Martinu (904 m). Descendre vers le hameau de Pedivaldu (620 m) puis progresser jusqu'au hameau de Poggiolu (720 m) pour arriver au village de

1 h • Santa Lucia • 820 m

Le chemin se dirige vers l'Ouest. Descendre d'abord jusqu'au ruisseau de Tomboni, puis progresser par une légère montée pour atteindre

1 h 40 • Bocca di Civenti • 785 m
Vue sur Corte et sa région.

Descendre par un chemin en lacets parfois raide, franchir la voie ferrée, puis le ruisseau de Bistugliu (383 m). Remonter jusqu'à un petit col (439 m).

(10) Continuer pour atteindre la D 14, l'emprunter à droite jusqu'à

1 h 20 • Corte • 420 m

Temps retour : 5 h 30
Corte – ruisseau Bistugliu 1 h ; Bocca Civenti 50 mn ; Santa Lucia 40 mn ; Castellare 1 h 50 ; Sermano 1 h 10.

CORTE
Panate
Scarafaglie
Punta di Zurmulu
Punta Finosa
Polverella
Corbaghiola
Foret Communale de Corte Tavignano
Capo Nero
Funtana d'Argento
Rossolino
Capu Niolatu
Bocca di Conia
Petra a u Missoghio
Foret Domaniale du Tavignano
Capo Altieri
Capu di a Borba
Communale de Calacuccia
Casa Fronzola Berg.
Berg. de Boniacce
Refuge de la Sega
Le Tavignano
Gorges du Tavignano
Rav. de Brusco
Punta a u Finellu
Forcelle
Plateau d'Alzo
Domaniale du Tavignano
Punta Rusinca
Berg. d'Alzo
Berg. de Colletta
Berg. de Cappellaccia
Restonica
Ch. des Grecs
Grotte
Punta dou Corbu
Lavatoghio
Punta Cisterna
Punta di a Gianfena
Site classé
Chât. d'eau
Alivetu
Botro
San Pancrazio
Egl. Rnée
D. 18
CARTES IGN
4250
4251

Étape 5
Corte
A Sega
5 h 30

Altitude maximum : 1 190 m
Dénivelés : montée 716 m
descente 29 m

Corte • 420 m

⑪ L'itinéraire commence 250 m au Nord de la citadelle de Corte. Emprunter un sentier muletier qui s'élève progressivement sur la rive gauche du Tavignanu, dans une zone largement désertique. Continuer d'abord dans une région de maquis assez dense, puis dans une végétation plus arbustive (chênes verts, châtaigniers). Progresser par une montée régulière mais assez longue où petit à petit le pin laricio s'installe. Franchir le Tavignanu sur la

⑫ **2 h 30 • passerelle suspendue • 760 m**
Continuer sur la rive droite dans la forêt de plus en plus dense. La pente devient de plus en plus raide pour atteindre le ravin de Bruscu (930 m). Le sentier se rapproche à nouveau sensiblement du Tavignanu et arrive au ravin de Castagnolu, altitude 1 040 m *(source sur la gauche)*.

► À quelques mètres de là, part un sentier non balisé et peu utilisé jusqu'au plateau d'Alzu.
Progresser toujours régulièrement jusqu'à une prise d'eau (1 120 m) qui alimente occasionnellement le barrage de Calacuccia. Le chemin continue en courbe de niveau jusqu'au

3 h • refuge A Sega • 1 190 m

Temps retour : 4 h
A Sega – passerelle suspendue 2 h ; Corte 2 h.

Corte

Corte est non seulement le coeur géographique de la Corse mais aussi un symbole historique.
C'est en 1755 que Pascal Paoli (« Général de la nation Corse ») proclame l'indépendance de l'île (elle ne dura que 14 ans) et choisit Corte comme capitale. La Corse fut dotée d'une constitution dont s'inspirèrent d'autres nations.
La citadelle est élevée sur un piton qui domine la ville. Elle permet la découverte d'un large panorama avec les

magnifiques vallées du Tavignanu et de la Restonica. L'Université créée sous Pascal Paoli a réouvert à Corte qui s'affirme comme un centre de création et de recherche.

Calacuccia
Castellacce
Bona Manacce
Bge de Calacuccia
Usine Électrique de Sovenzia
Sidossi
Casamaccioli
Albertacce
Bois de Pozzi
Monti Rossi
Capu Niolatu
Capu di Porcili
FORÊT DE CAVALLO MORTO
Forêt Communale de Casamaccioli
Forêt Communale de Calacuccia
Chiarasgioli
Capu di Candela
Bocca Capizzolu
Bocca a Croce
Capu di a Borba
Capo Aleri
TAVIGNANO
Refuge de la Sega
Castellu Muntone
Capu di Valandru
Pietra Zitamboli
Poggio di Lozzi
Capigliolu a e Furchelle
Capu di u Castellu
Capizzolu
Golo
Forêt Communale
Petra a Rasa
Stazzalello
Capu di a Corna
CARTES IGN
4150
4250

Étape 6
A Sega
Albertacce
5 h 10

Altitude maximum : 1 592 m
Dénivelés : montée 547 m
descente 883 m

Refuge A Sega • 1 190 m

À partir du refuge, prendre sur la gauche (Nord), franchir le Tavignanu. Une légère déclivité permet d'atteindre le ruisseau de Mente sous un couvert végétal de pins laricio et quelques châtaigniers. Le chemin s'élève de façon très soutenue et en lacets jusqu'à mi-pente où l'on note la disparition de la forêt *(entre autres fleurs, on rencontre le Pancrace d'Illyrie)*.
Progresser de façon plus régulière à travers une végétation de fougères et d'épineux (épines vinette, genévrier rampant) jusqu'à la bergerie Bonacce, 1 500 m *(source)*.
Une légère montée coupe la piste forestière qui va en direction de la forêt de Melu, pour atteindre
1 h 30 • Bocca a Arinella • 1 592 m

13 Descendre dans un chemin muletier admirablement tracé mais raide jusqu'aux bergeries de Casartine (1 169 m). Continuer la descente en coupant à plusieurs reprises une piste forestière. Par une pente raide, gagner le barrage de Calacuccia.
Traverser la digue sur la D 218 puis reprendre au croisement la D 84 en direction de
2 h 30 • Calacuccia • 794 m

Continuer jusqu'à la sortie du village ; passer à proximité de l'église.

14 S'engager à gauche dans un chemin qui descend légèrement pour atteindre la D 218 pratiquement à l'entrée du hameau de Sidossi *(café, restaurant)*.
Continuer sur la route jusqu'à la sortie du village (600 m environ). Prendre le chemin sur la droite qui traverse une châtaigneraie, et se rapproche du lac pour le longer jusqu'au ruisseau de Mulinellu (800 m).

Remonter en direction de la D 84 que l'on atteint au lieudit La Croix à l'entrée Sud du village de

15 **1 h 10 • Albertacce • 854 m**

Temps retour : 6 h
Albertacce – barrage de Calacuccia 1 h 30 ; Bocca a Arinella 3 h 10 ; A Sega 1 h 20.

Albertacce
Calasima
Pietra-Zitamboli
Poggio di Lozzi
Capigliolu a e Furchelle
Liaison GR 20
GR 20
Melarie
Capizzolu
Capu di u Castellu
Punta di a Scupiccia
Punta Licciola
Bocca di Foggiale
Punta di Tula
Col de Verghio
Col des Maures
Golo
Fl.
Castellu Muntane
Capu di Valandru
Frascaghiu
Berg. d'Alzetu
Berg. de Valle Longa
Berg. de Tilleri
Berg. de Tillerga
Sce d'Alzanese
Sce d'Alandica
Sce de Vaccaghiola
Sces des Vinacce
Rau de Scandulaghia
Rau de Poggiolo
Rau de Ciattarinu
P. San Rimeriu
Ciattarinu
Catamalzi
le Fer à Cheval
Station de Ski
Petra a Rasa
Capu di a Merla
Capu a e Piane
FORÊT DOM. DE VALDU NIELLU
COMMUNALE D'ALBERTACCE
IGN cartes 4150
4151
15
16
17
18
19
20
D. 84
D. 318
D. 218

Étape 7
Albertacce
Verghju
4 h 30

Altitude maximum : 1 477 m
Dénivelés : montée 682 m
descente 221 m

Albertacce • 854 m

⑯ De La Croix d'Albertacce (854 m), suivre le chemin en légère montée dans une zone d'anciens potagers et de châtaigneraie. Continuer dans une zone d'épineux pour se rapprocher de la rivière Viru que l'on va suivre en surplomb pour arriver au pont de Muricciolu, 850 m *(moulin restauré par le Parc naturel)*. Franchir le Viru et prendre le chemin, raide, menant à une zone plate, constituée par une châtaigneraie. Atteindre une

⑰ **1 h 10 • bifurcation de sentiers • 1 115 m**

▶ Départ, sur la droite, d'un sentier menant au refuge de Tighjettu sur le GR 20 (2 h 45).
Utiliser un sentier d'abord en courbe de niveau qui permet de traverser successivement les ruisseaux d'Alzettu (1 084 m), Castellu (1 149 m) *(sites préhistoriques)*. Continuer en direction du plateau des Vinacce dans une zone assez dégradée par les incendies.

⑱ Le chemin s'incurve sur la gauche, et devient plus raide pour arriver aux bergeries de Tillerga et puis rapidement au

1 h 50 • pont de San Rimeriu • 1 049 m
Traverser le ruisseau de Ciatterinu pour passer sur la rive droite. Couper une piste forestière puis entamer une courte montée en pleine forêt de laricio pour déboucher sur la D 84, à environ 100 m du Camp Militaire. Utiliser la route pendant quelques mètres, la quitter par la gauche pour emprunter un sentier qui coupe une nouvelle fois la route.

⑲ *Croisement avec le GR 20 menant au Nord vers Ciottuli di i Mori (3 h) et au Sud vers Manganu (4 h 30)*. Continuer par une légère montée jusqu'à

1 h 30 • Verghju • 1 477 m
Orthographié Verghio sur la carte IGN.
Du col, utiliser la D 84 vers Calacuccia pour rejoindre l'hôtel
10 mn • Castel di Vergio • 1 400 m

Temps retour : 4 h
Verghju – San Rimeriu 1 h 30 ; bifurcation sentier de Calasima 1 h ; Albertacce 1 h 30.

Capu a u Frassellu
Bergerie Ruinée de Casa Infurcata
Bocca di Felce
Culletta di Spurtellu
Capu Rusticu
Berg. de Casterica
Bocca e u Saltu
Capu à Scalella
Abri forestier
Petra Piana
Capu di e Querce
Bocca di Formaciole
Mezalu
Evisa
Mare e Monti
Capu d'Orzu
Bocca a Zora
Tavulella
Marignana
Tassu
Cristinacce
P. de Saghia
Village de Vacances d'Aitone
Piscine d'Aitone
Belvédère
Mon Fre d'Aitoni
D 84
Pont de Pompéani
P. des Condamnes
Capu à Rughia
Capu di Verghio
Station de Ski
Castel di Verghio
FORÊT
Bocca â Manuella
P. du Renaghiu
Fre Caroline
Col de St Pierre
GR 20
Berg. d'Albia
Capu di Melu
Fre de Cura
Capu Suarincione
Berg. de Battoli
Berg. de Capelacce
Capu di u Lariciu
Capu di Farinetu
Foce Laminca
Berg. de l'Aghiarella
IGN carte 4151
DOMANIALE D'AITONE
20
21
22
23
24
77
78
79
80
81
82

Étape 8
Verghju
Marignana
4 h 30

Altitude maximum : 1 477 m
Dénivelés : montée 120 m
descente 880 m

Castel di Verghju • 1 400 m

Monter par la route jusqu'à bocca di Verghju (1 477 m). Prendre le départ du sentier derrière la statue (Christ Roi) en direction Ouest *(source à 100 m)*. Continuer dans la forêt d'Aïtone par un sentier en lacets qui arrive à une petite retenue d'eau.

(20) Suivre sur la droite une piste forestière qui arrive au pont de Casterica.

(21) Remonter la piste sur 100 m pour emprunter le sentier sur la gauche qui descend sur l'Aïtone et atteindre le « Pont des Scouts ».

(22) Au pont dit « des Scouts », longer l'Aïtone qu'on laisse sur la gauche pour monter vers un petit col. Descendre par un ancien sentier de ronde. Franchir l'Aïtone par une passerelle sur câble. Passer à proximité de la piscine naturelle et des cascades. Emprunter la D 84 sur 100 m.

(23) Prendre sur la droite le « chemin du Châtaignier » ; dans le virage, descendre à droite par le sentier qui traverse la forêt de châtaigniers et atteint

3 h • Evisa • 850 m

► Jonction avec le sentier Mare e Monti qui, au Nord, gagne le gîte d'Ota (3 h) par les gorges de la Spilonca.

Au centre du village, prendre la ruelle qui part à côté du Bar de la Poste ; descendre de longues marches qui mènent à la D 24 *(gîte d'étape)*. L'emprunter vers la gauche sur environ 800 m.

(24) S'engager dans un sentier qui descend à droite d'une chapelle vers la rivière de Tavulella. La franchir par une passerelle mobile et gagner le hameau abandonné de

1 h 10 • U Tassu • 700 m

Quitter le hameau par l'Ouest d'abord sous les châtaigniers puis à découvert (l'itinéraire domine alors le pont routier de Tavulella) avant de rejoindre en courbe de niveau l'entrée du village de

20 mn • Marignana • 720 m

► Pour poursuivre vers Cargèse, voir la description du Mare e Monti, pp. 41-43.

Temps retour : 5 h

Marignana – U Tassu 30 mn ; Evisa 1 h ; Verghju 3 h 30.

CORTE
CARTES IGN
4250
4251
Castellare-di-Mercurio
Sermano
Col de Bozio
Favalello
Casanova
TAVIGNANO
Aérodrome de Corte
N 200
N 193
San-Giovanni
la Minoterie
Poggio-di-Venaco
Piedicorte
San Fabriano
Punta a u Zibo
Crête de Mogalelle
Pinello
Lenza
Guarinola
Quarcitello
Cavatelle
Canapajola
Frassineto
San-Gavina
Punta Cisterna
Punta di Tisan
Erbaghio
Botro
Olmo
Paretto
Avanto
Vallette
Ruja
Pietragiolo
Lambidello
Capannelle
Punta di Collatella
Punta Licciola
Punta alla Fava
Punta a l'Orsu
Corbaja
Chiose
Macchioni
Falcunaghia
A
B
1
2
3
85
83
82
81
80
79

Étape 1
Sermano
Poggio di Venaco
4 h

Variante

Altitude maximum : 750 m
Dénivelés : montée 370 m
descente 490 m

Sermano • 750 m

Chapelle San Niculau du XIIe siècle ; fresques du XVe.

L'itinéraire commence au centre du village. Emprunter les ruelles du village pour arriver à la chapelle San Niculau. Franchir le petit ruisseau d'Isula pour arriver au croisement des sentiers menant à Corte et à Poggio.

(1) Continuer en montant vers Bocca di Boziu (685 m) ; suivre en ligne de crête le chemin puis descendre par une rupture de pente jusqu'à la D 41. La suivre sur 100 m puis emprunter la D 14 sur environ 700 m en direction de Corte.

(2) Quitter la route sur la gauche pour atteindre le ruisseau de Campettine. Remonter sur la D 14, la couper, utiliser un cheminement parallèle, puis revenir sur la D 14. Franchir le pont de Papineschi (314 m) sur le Tavignanu. Emprunter sur 250 m la N 200 en direction d'Aleria.

(3) S'engager à droite sur une piste assez raide qui se transforme après 150 m en chemin. Passer un petit col appelé Pelungu (490 m) puis redescendre très légèrement ; franchir le ruisseau de Casevecchje (480 m). Traverser une zone de reboisement, puis franchir sur une passerelle le fleuve U Minutu (500 m), remonter jusqu'à la D 40, et sans la couper, atteindre le village de
4 h • Poggio di Venaco • 640 m

Temps retour : 4 h

Un mur d'images, la fresque en Corse.

L'architecture religieuse romane a connu un véritable essor en Corse du XIe au XIIIe siècle. Ce sont de petits édifices très simples qui se sont élevés dans la campagne, quelquefois dans l'espace sacré avec le cimetière communal.

Cet habitat spirituel a particulièrement souffert lui aussi de l'exode rural. Certaines chapelles ne sont plus que ruines et... lieudits.

Elles ont longtemps conservé des trésors artistiques méconnus, nés de la foi, de l'habileté et de la science paysanne : statuaires, peintures sur bois, peintures murales. Parmi ces trésors, la fresque, l'une de plus anciennes techniques de peinture murale. Le mot

fresque vient de l'italien « a fresco » qui signifie peindre dans l'enduit frais.

On recense aujourd'hui en Balagne, dans le Cap Corse et en Castagniccia, pas moins d'une trentaine d'édifices religieux conservant encore des peintures murales à fresque du plus grand intérêt.

Œuvres maîtresses de l'île, elles sont pour la plupart anonymes mais ont pu être datées entre 1450 et 1520, âge d'or de la fresque en Corse et époque des bouleversements artistiques de la Renaissance Italienne. Elles témoignent d'ailleurs des échanges avec l'Italie et d'une tradition picturale commune.

Les mêmes scènes, inspirées de l'histoire sainte, de la vie des saints, selon les dogmes de l'église chrétienne, sont souvent reprises en des lieux différents. Ces œuvres, destinées à accentuer la réceptivité religieuse, furent aussi un moyen d'apprendre pour les illettrés, une « bible des pauvres ». On distingue deux tendances dans le style : l'une aristocratique et savante, l'autre plus naïve et imprégnée de tradition paysanne. Les spécialistes en histoire de l'art affirment que ces fresques du XVe et XVIe siècles sont de style gothique.

Les bergeries

Les bergeries de montagne comprennent, pour le berger, son habitat appelé « stazzu », pour le fromage, une cave appelée « casgile », pour les animaux, un enclos appelé « chiostra ».

Ce qui rend ces installations impressionnantes c'est qu'elles sont construites en pierres sèches généralement lourdes et sans aucun liant. Les voûtes qui couvrent les « stazzi » et les « casgile » sont particulièrement surprenantes par leur mode de construction dit « en encorbellement ». On est étonné de ne pas voir, comme dans une arche de pont, les pierres disposées en position rayonnante mais posées à plat les unes sur les autres et débordant sur les inférieures jusqu'à ce qu'elles se rejoignent au sommet de la voûte qui est extérieurement recouverte de terre battue.

Liaison
Corte
Poggio di Venaco
3 h 40

Altitude maximum : 1 035 m
Dénivelés : montée 699 m
descente 491 m

Corte • 396 m

Le tracé figure sur la carte de la p. 62.

Rejoindre le pont sur la Restonica au Sud de la ville (proche du départ de la vallée de la Restonica). L'itinéraire débute à l'oratoire. Emprunter une petite piste puis, après quelques mètres, la quitter. Le sentier monte en pente raide à travers une zone dégradée constituée de cistes et de quelques chênes blancs. Continuer en direction d'un petit col (750 m), laisser Punta di u Corbu (802 m) sur la droite.

Poursuivre sur environ 600 m en courbe de niveau jusqu'à un petit ruisseau (760 m). La pente devient à nouveau soutenue et progressivement quitte une zone de châtaigniers dégradés pour une forêt de pins laricio.

(A) *À proximité, se trouve une source.* Poursuivre la montée jusqu'au point culminant de l'étape (1 035 m), près de Punta Cisterna (1 019 m).

(B) Entamer une longue descente. Passer à Funtana di Sambuccu (970 m) puis aux bergeries de Felce en contrebas du point coté 973 m pour arriver sur la N 193 à hauteur de l'ancien pont du ruisseau de Chermaccia (650 m). Emprunter la nationale en direction d'Ajaccio sur 300 m. Prendre sur la gauche une petite piste goudronnée jusqu'à une aire naturelle de camping (643 m). Continuer jusqu'à un croisement, s'engager à gauche dans un sentier qui au bout de 300 m, se transforme en piste jusqu'au pont du Minutu (591 m). Remonter au pied du village pour aboutir au centre de

3 h 40 • Poggio di Venaco • 640 m

Temps retour : 3 h 10.

Le pin Laricio

C'est le plus connu des arbres insulaires, une espèce remarquable, au fût très droit pouvant atteindre 40 m de hauteur et 2 m de diamètre. On le rencontre surtout en montagne (1 000 à 1 800 m) car il se contente de sols pauvres, ce qui ne l'empêche pas de vivre très vieux (plusieurs centaines d'années). Son écorce craquelée d'un gris-rougeâtre, ses branches redressées et régulières au port pyramidal, ses petits cônes ne dépassant pas 8 cm et disposés horizontalement sur les branches, le distinguent des autres pins.

Beau mais fragile, il ne résiste guère à la tempête ou à certaines coulées de neige car ses racines sont fort réduites. Son tronc sans nœuds et la finesse de son grain en font un bois de valeur recherché pour l'ébénisterie.

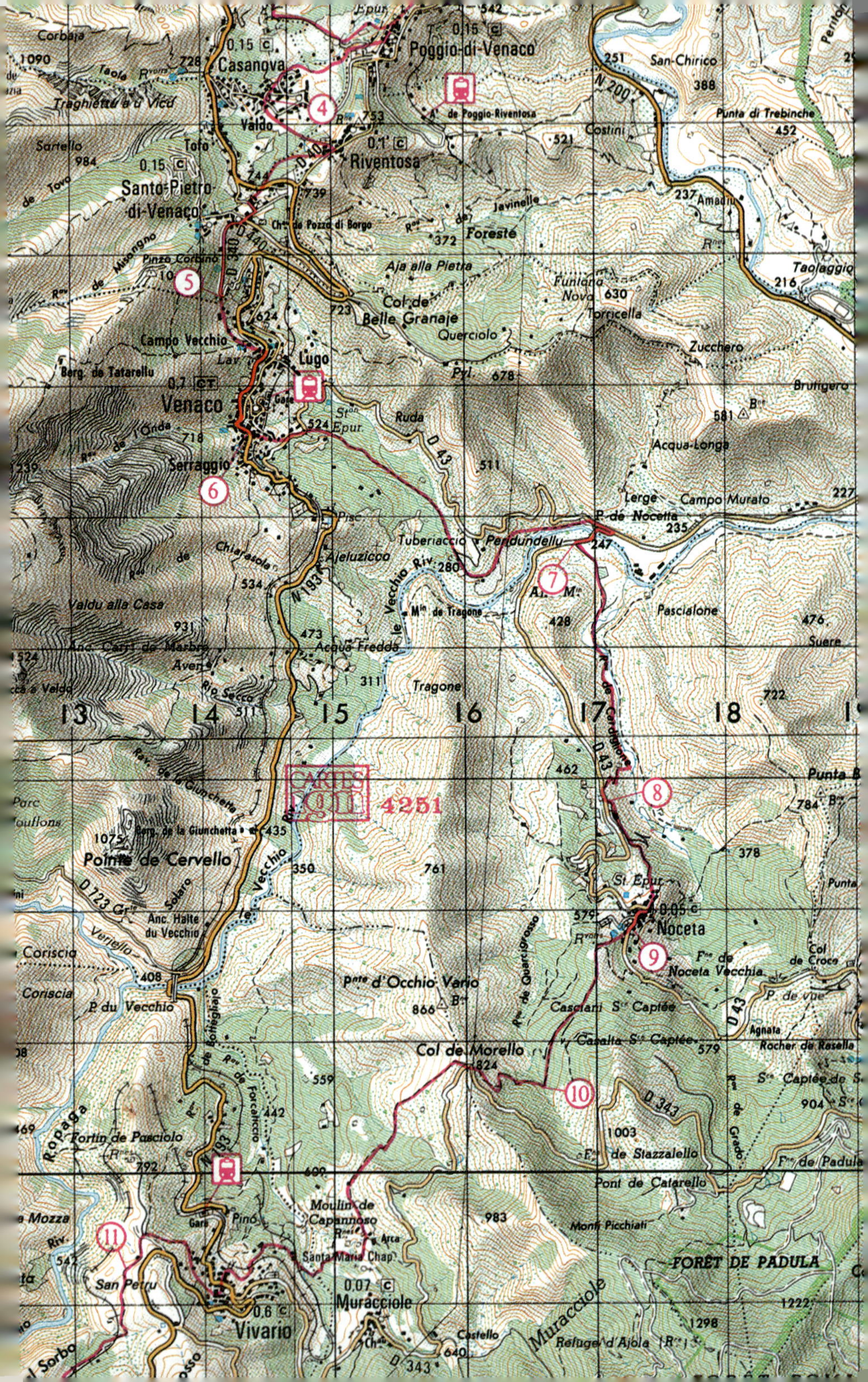

Casanova
Poggio-di-Venaco
Riventosa
Santo-Pietro-di-Venaco
Venaco
Lugo
Serraggio
Col de Belle Granaje
Foresté
Campo Vecchio
Aja alla Pietra
Querciolo
Funtana Nova
Torricella
Zucchero
San-Chirico
Punta di Trebinche
Taolaggio
Amadiu
Acqua-Longa
Campo Murato
P. de Noceta
Perdundellu
Tuberiaccio
Pascialone
Acqua Fredda
Tragone
Vecchio Riv.
Noceta
F^ne de Noceta Vecchia
Col de Croce
Col de Morello
P^nte d'Occhio Vario
Pointe de Cervello
Anc. Halte du Vecchio
P. du Vecchio
Fortin de Pasciolo
Moulin de Capannoso
Santa Maria Chap.
Muracciole
Vivario
San Petru
Pont de Catarello
F^ne de Stazzalello
Mont Picchiati
FORÊT DE PADULA
Refuge d'Ajola
Rocher de Rasella
N 200
N 193
D 43
D 343
D 723
13
14
15
16
17
18
4
5
6
7
8
9
10
11
CARTES IGN
4251

Étape 2
Poggio di Venaco
Vivario
7 h

Altitude maximum : 824 m
Dénivelés : montée 917 m
descente 887 m

Poggio di Venaco • 640 m

Du centre du village, emprunter la route plein Sud pour arriver au carrefour des deux départementales. Prendre à droite une petite piste goudronnée sur 500 m. Laisser celle-ci et s'engager sur un chemin qui aboutit au ruisseau du Missognu (610 m) ; le franchir sur une passerelle. Monter jusqu'au petit village de

30 mn • Casanova

(4) Prendre la direction de Riventosa pour passer à nouveau sur une passerelle à hauteur du moulin restauré par le Parc naturel (610 m). Longer le cimetière, sans entrer dans le village de Riventosa *(table d'orientation)*. S'engager sur la droite pour venir couper la N 193 à hauteur d'habitations et atteindre le village de

30 mn • Santo Pietro di Venaco • 776 m

Emprunter la D 340 sur environ 700 m.

(5) Quitter la route pour un chemin. Traverser le hameau de Campu Vechju (630 m) pour rejoindre la N 193 qui mène à

30 mn • Venaco • 600 m

(6) Dans le hameau de Serraghju, tourner à gauche pour atteindre la D 43 à hauteur d'un tombeau (524 m). Suivre le chemin jusqu'au pont de Noceta, emprunter la D 43 sur 250 m.

(7) Prendre à gauche en direction du plateau de Cardiglione (265 m). Atteindre le ruisseau du même nom (256 m) et, sans le franchir, remonter la vallée sur la rive gauche pour revenir sur la D 43 à hauteur d'une bergerie (378 m).

(8) Emprunter le chemin pendant quelques mètres puis le laisser à droite pour remonter vers le village de

2 h 30 • Noceta • 540 m

Le tracé figure sur la carte de la p. 66.
Emprunter la D 43 en direction de Rospigliano sur environ 500 mètres.

(9) À hauteur de la fontaine, prendre la route d'accès au cimetière. Quitter cette route par la gauche. Le chemin s'élève sensiblement puis peu à peu reste en courbe de niveau jusqu'au ruisseau de Quarciu Grossu.

(10) Monter par une pente fortement accentuée jusqu'à

1 h • Bocca Murella • 824 m

Dénommé col de Morello sur la carte IGN.

Redescendre progressivement jusqu'au niveau de Santa Maria (510 m). Laisser le sentier menant au village de Muracciole. *Voir la chapelle du même nom (fresques).* Traverser la voie ferrée au niveau d'une maisonnette puis monter légèrement à travers une forêt de chênes blancs. Franchir la passerelle sur la voie ferrée (602 m). Continuer pour arriver au village de

2 h • Vivario • 650 m

À voir : le fortin de Pasciola.

Temps retour : 7 h 30
Vivario-Noceta : 3 h ; Venaco 2 h 30 ; San Pietro di Vencao 1 h ; Casanova 30 mn ; Poggio di Venaco 30 mn.

La transhumance

La Corse a été très longtemps et est encore un pays d'éleveurs et de bergers. Le rythme de la vie était dicté par la transhumance pratiquée par les hommes et les bêtes.
Aujourd'hui encore, quelques éleveurs quittent avec chèvres ou moutons, le littoral où la chaleur fatigue les bêtes. Ils rejoignent la montagne (« immuntagnata ») en juin où ils vivent dans de petites constructions de pierre « stazze », « capane », anciennement couvertes de bardeaux de bois. Le retour vers la plaine(« a piaghja ») se fait en général début septembre.

Si cette pratique de déplacement familial est devenue plus rare aujourd'hui, celui du transfert des bêtes s'est souvent maintenu et connaît de nouvelles formes : en plus des ovins ou des caprins, vaches, chevaux mais aussi porcs sont ainsi « montés et lâchés » en montagne durant la période estivale et parfois jusqu'au mois de novembre. L'éleveur ou le propriétaire les « visite » de temps en temps.

Berg. de Muracciolì
Bocca Tribali
Berg. de Gialghello
Punta Gialgone
Costa Gialgone
CORSE
Punta di Petra Facciata
Punta Valchetta
Punta Banditi
DE VENACO
Solibellu
Petra Pinzuta
Punta Coriscia
Coriscia
P. du Vecchio
Anc. Halte du Vecchio
Capelli
Frassiccia
Pointe de Grafalello
Fortin de Pasciolo
Monte Orsini
Acqua Benedetta
Scopiccioso
u Pianu
FORÊT COMMUNALE
DE VIVARIO
Travaleto
Berg. de Tolla
Grotta Mozza
Petra Pinzuta
Erba Bona
Porcareccia
Bocca Mazzola
Bocca di Frati
Capu a Meta
Punta di l'Altore
Depi
GR 20
Bocca d'Oreccia
Berg. de l'Onda
Refuge de l'Onda
Grottaccia
Cavallarecite
Canton de Busso
Biancarella
Canaglia
Acqua al Sorbo
San Petru
Vivario
Muracciole
Moulin de Capannoso
Santa Maria Chap.
Monte Grosso
Cardiccia
Col de Campo di Lupo
Tattone
Capone
Sorba
Punta Chiova
Punta Marenalna
Punta Renosa
Lac d'Oro
Faitella
Pozze
Pantani
Ravin de Prate
Prate e Coste Maio
Salogna
4251

Étape 3
Vivario
L'Onda
4 h

Altitude maximum : 1 420 m
Dénivelés : montée 929 m
descente 149 m

Vivario • 650 m

Prendre le sentier à la sortie Nord-Ouest du village ; passer sous une voûte. Traverser une zone de potagers ; atteindre un petit col (746 m).

(11) Emprunter une petite piste, passer sous une voie ferrée pour atteindre le ruisseau de Sorbu (690 m). Franchir le tunnel (773 m) ; ensuite, le chemin se transforme à nouveau en piste et mène dans la zone des camps de vacances de Savaghju *(camping, hébergement)*. Traverser la voie ferrée puis le ruisseau de Gradule (750 m) et remonter sur la D 23 ; l'emprunter pendant 2 km pour atteindre le hameau de

1 h 20 • Canaglia • 720 m

(en été seulement)

Suivre une longue piste forestière qui longe la rivière du Manganellu. Cette montée se fait sous la forêt de pins laricio jusqu'à la

(12) **1 h 10 • passerelle de Tolla • 940 m**

► Jonction avec le GR 20 menant au refuge de Petra Piana au Nord en 3 h. Vers le Sud-Ouest, l'itinéraire utilise une portion du GR 20 ; il est donc balisé, jusqu'à l'Onda, en blanc et rouge.

Laisser la passerelle sur la droite. Continuer la montée sur une large piste, sur la rive droite de la Grottacia. Franchir cette rivière pour remonter sur l'autre rive sous une hêtraie ; atteindre les bergeries et le

1 h 30 • refuge de l'Onda • 1 420 m

Temps retour : 3 h 30

L'Onda – Tolla 1 h 10 ; Canaglia 1 h ; Vivario 1 h 20.

Le viaduc du Vechju

Ce viaduc, construit d'après les techniques de Gustave Eiffel il y a une centaine d'années, se trouve à 5 km de Venaco en direction d'Ajaccio. Il n'a pas l'envergure du viaduc de Garabit, mais il séduit par son audacieuse sobriété.

Haut de près de cent mètres et long de plus de cent trente mètres il enjambe le torrent du Vechju en s'appuyant sur deux élégantes piles dont l'une d'elles, à la fin de sa construction, a accueilli en son sommet toute l'équipe des travailleurs.

FORÊT DE PASTRICCIOLA
FORÊT DE GATTICA
DOM. DE LIBIO
Bocca d'Oreccia
Punta Muzzolini
Punta di Monte Ghiuvanni
Pastricciola
Chiusa
Col de Messicella
Bocca di Petricciola
Castello
Erbaghiolu
Quercivoni
Stabi
Scopiccioso
Pte de Pinzi Corbini
Bocca Mazzola
Bocca di Frati
Punta di l'Altore
Scopiccioli
Chiazzo
Bocca di Giovo
Bocca di u Soltu
Bocca di l'Olmu
Casa Tarba
Guarchetta
Coracchia Grotte
Faitella
Berg. de l'Onda
Refuge de l'Onda
Berg. de Betuliccia
Betuliccia
Pte Migliarello
Bocca di Fumtanella
Tanghicciola
Linfaro
Pozze
Giovo
Cavona
Loneto
Finocchia
Monte Dosso
Frassetu
Spinazzali
Pettini
Ghigliazza
Liceto
Capezza
Spelonca
Ugnica
Muricce
Variante GR 20
GR 20
CARTE IGN 4151 4251

Étape 4
L'Onda
Pastricciola
4 h

Altitude maximum : 1 427 m
Dénivelés : montée 228 m
descente 1 059 m

Refuge de l'Onda • 1 420 m

Au départ du refuge, emprunter le GR 20 en direction de Petra Piana.

(13) À Bocca d'Oreccia, quitter le GR pour s'engager sur l'itinéraire balisé en orange. Passer par les bergeries de Tarricione (1 225 m). Poursuivre dans le lit de la rivière en passant à travers une hêtraie puis une châtaigneraie et une forêt de chênes verts. Une courte montée mène à Bocca Casteluccia (900 m) puis une longue descente permet d'atteindre l'ancien

2 h 15 • moulin d'Orzi Mozzu • 680 m
Remonter doucement en bordure de la rivière Cruzini vers le hameau de

1 h • Chiusa • 550 m
Emprunter la D 104 sur 200 m.

(14) Prendre sur la droite le sentier qui rejoint le hameau d'Ugnica. Traverser à nouveau la D 104 et longer pratiquement celui-ci jusqu'au ruisseau de Castagnetta (550 m), le traverser et remonter en direction de

50 mn • Pastricciola • 600 m

Temps retour : 4 h 30
Pastricciola – Chiusa 50 mn ; moulin d'Orzi Mozzu 1 h ; l'Onda 2 h 45.

Le casseur d'os

Appelé en Corse, l' « Altore », celui qui habite les hauteurs, le Gypaète barbu est un grand vautour. Avec ses 2,70 m d'envergure, il frôle les parois rocheuses en profitant des courants ascendants. En piqué, il peut atteindre 100 km/h. Sa nourriture est essentiellement constituée d'os provenant de cadavres de mammifères. Il brise les plus gros par de spectaculaires lâchers en vol sur des pierriers d'où son surnom de « casseur d'os ». Avec 8 couples nicheurs connus, la Corse est un refuge non négligeable pour l'espèce dont la survie est menacée en Europe.

Sa subsistance dépend en partie du maintien des pratiques pastorales en montagne et du peuplement en mouflons des massifs de l'île.

Le Parc régional alimente régulièrement des charniers afin de compléter le menu de ces charmants volatiles. Ces mets raffinés, déchets de boucherie et cadavres de brebis ou de chèvres sont présentés sur des rochers inaccessibles aux renards.

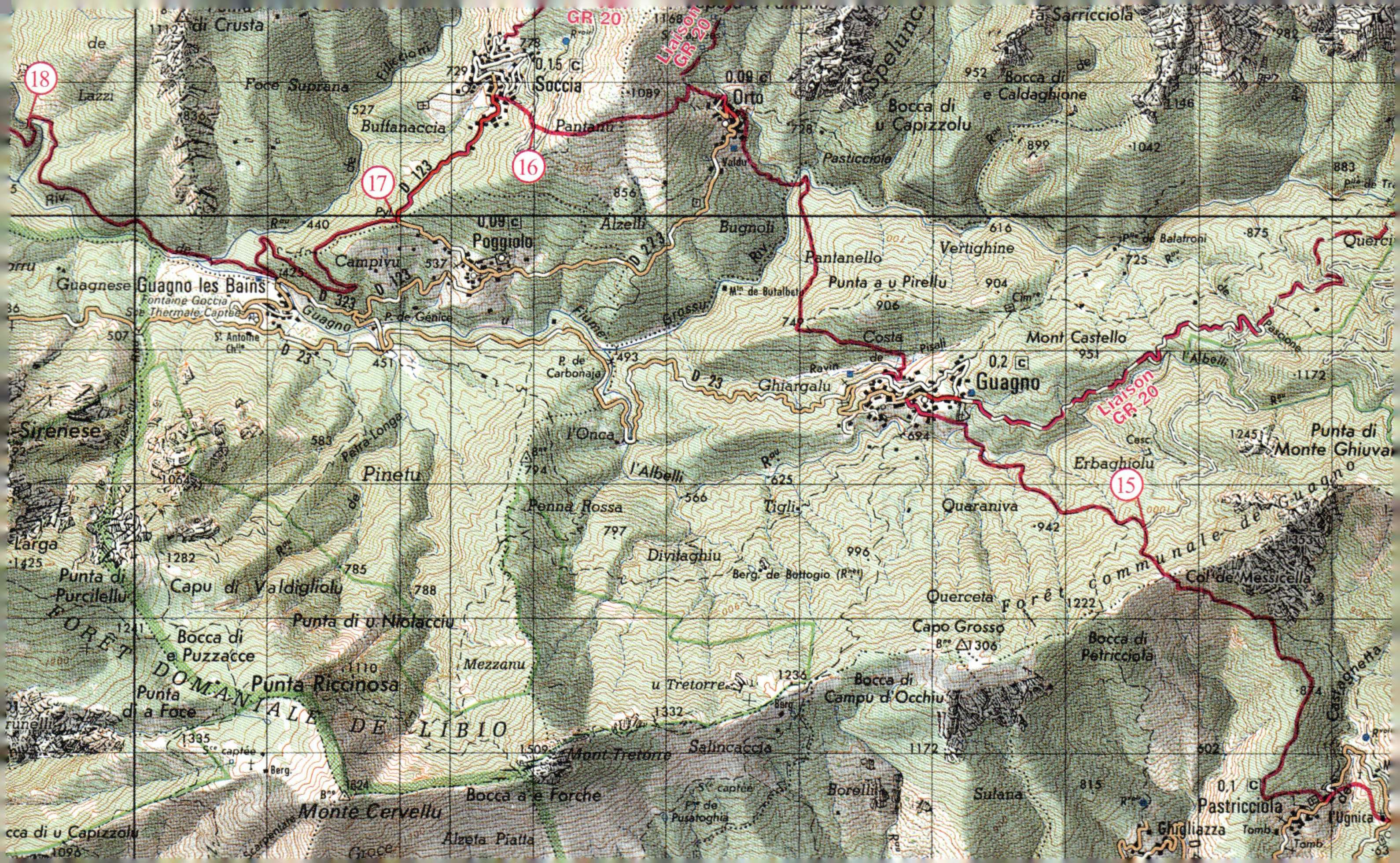

18
17
16
15
GR 20
Liaison GR 20
Liaison GR 20
Soccia
0,15 C
Orto
0,09 C
Poggiolo
0,09 C
Guagno
0,2 C
Guagno les Bains
Fontaine Goccia
Ste Thermale Captée
St Antoine Chlle
Guagnese
Sirenese
di Crusta
Lazzi
Foce Suprana
Buffanaccia
Pantanu
Campivu
P. de Génice
Alzelli
Bugnoli
Fiume Grossu
Mln de Butalbeta
Pantanello
Vertighine
Punta a u Pirellu
Costa
Ravin
Ghiargalu
Mont Castello
Punta di Monte Ghiuva
Erbaghiolu
Quaraniva
Tigli
l'Albelli
l'Onca
P. de Carbonaja
Pinetu
Penna Rossa
Divitaghiu
Berg. de Bottogio
Querceta
Capo Grosso
Col de Messicella
Forêt communale de Guagno
Bocca di Petricciola
Bocca di Campu d'Occhiu
u Tretorre
Mont Tretorre
Salincaccia
Borelli
Sulana
Pastricciola
0,1 C
Ghigliazza
l'Ugnica
Castagnetta
Bocca a e Forche
Monte Cervellu
Alzeta Piatta
Mezzanu
Punta Riccinosa
Punta di u Niolacciu
Capu di Valdigliolu
Punta di Purcilellu
Bocca di e Puzzacce
Punta di a Foce
FORÊT DOMANIALE DE LIBIO
Bocca di u Capizzolu
Bocca di e Caldaghione
Pasticciole
Speluncа
a Sarricciola
Larga
D 23
D 123
D 323
D 223

Étape 5
Pastricciola
Guagno
3 h 30

Altitude maximum : 1 195 m
Dénivelés : montée 595 m
descente 450 m

Pastricciola • 600 m

Du centre du village, le chemin s'élève progressivement en direction Nord-Nord-Ouest, en laissant sur le flanc droit un massif rocheux important. Franchir le ruisseau de Campotellu dans une zone de pins maritimes, poursuivre par une forte montée qui mène à

2 h 40 • Bocca Miscighjella • 1 195 m
Dénommé col de Messicella sur la carte IGN.

Descendre dans la forêt communale de Guagno en suivant le sentier qui passe 200 m plus loin près d'une source aménagée et débouche sur une piste.

⑮ Prendre sur la gauche dans la châtaigneraie et, par une descente en lacets, atteindre le ruisseau Albelli ; remonter ensuite vers le village de

50 mn • Guagno • 700 m

► Jonction avec une bretelle du GR 20 menant au refuge de Pietra Piana en 5 h.

Temps retour : 3 h 30
Mêmes durées intermédiaires.

A Muvra : le mouflon

Figure emblématique de la Corse, menacé par l'avidité et la vanité du braconnier, le mouflon de Corse est l'animal « roi de l'île ».

C'est un ongulé de la famille des ovidés, présent dans l'île depuis plus de 8 000 ans. La pression humaine, la chasse, les incendies l'ont contraint à se réfugier parfois jusqu'à 2 500 m d'altitude. La haute montagne n'étant pas leur biotope idéal, ces animaux doivent pouvoir descendre pour hiverner à l'abri de la neige et se nourrir.

L'effectif actuel, environ 500 têtes, est essentiellement réparti autour de deux réserves (Asco et Bavella). Ces deux sanctuaires ont sans doute empêché

l'extinction définitive de l'espèce.

Le Parc régional et l'Office national de la chasse visent à étendre l'expansion de ces derniers troupeaux. Malgré un effort de sensibilisation et l'interdiction de chasse, le braconnage persiste. Les autres menaces sont la prédation du renard sur les agneaux et, dans une moindre mesure, les maladies parasitaires.

Quelques conseils si vous espérez pouvoir en observer : munissez-vous d'un puissant téléobjectif, placez-vous face au vent et armez-vous d'une bonne dose de patience car l'animal est farouche. Il a appris à se méfier de l'homme...

U Brocciu e u Casgiu : brocciu et fromage

Le fromage corse traditionnel dans cette région est un fromage de brebis ou de chèvre affiné dans les caves après avoir été salé.

Cet élevage donne un autre produit, le « brocciu », qui fait désormais l'objet d'une appellation contrôlée, ce qui est tout à fait exceptionnel pour un produit laitier.

Le brocciu est fabriqué à la bergerie en faisant réagir du petit lait et du lait frais. C'est un fromage frais consommé habituellement avec des plats à base de farine de châtaigne, en omelette, en beignets (« i fritelli ») ou encore seul, mélangé à de l'eau-de-vie et du sucre.

« U Mucchju » : le ciste

Synonyme de printemps, où il fleurit de ses innombrables corolles blanches, mauves, roses, il constelle le maquis depuis le rivage jusqu'au piémont.

Il est partout l'ennemi du berger et de l'agriculteur car il envahit tout, repousse et repousse encore, sans offrir ni à l'homme, ni au bétail une utilisation possible.

Malgré cela, il retient les sols et prépare la venue du maquis et de la forêt. Il en existe trois espèces : le ciste de Montpellier, le ciste de crête (photo ci-contre) et le ciste à feuille de sauge.

Les eaux thermales

« On ne trouvera nulle part dans une enceinte aussi circonscrite, une plus grande abondance de sources, de sites mieux appropriés à des établissements thermaux » écrivait Constantin James.

L'île offre en effet de nombreuses sources aux qualités différentes : ferrugineuses, gazeuses, sulfureuses, sodiques, calciques, salines, à Orezza, Guagno, Puzzichellu, Pietrapola, Guitera, Baraci, Santa Lucia di Tallano, Caldanelli, Urbalacone, Caldaniccia...

Étape 6
Guagno
Guagno-les-Bains
5 h 30

Altitude maximum : 1 000 m
Dénivelés : montée 384 m
descente 760 m

Guagno • 700 m

Le tracé figure sur la carte de la p. 74.
Prendre le départ du sentier en contrebas du village. Traverser le ruisseau I Pisali, remonter légèrement, bifurquer sur la gauche pour s'engager en courbe de niveau. Traverser une châtaigneraie à l'abandon, puis suivre un ancien mur de clôture pour descendre à la rivière Fiume Grossu. La franchir, par une passerelle, pour remonter en lacets, à travers une forêt de chênes verts jusqu'au village d'

2 h • Orto • 700 m

▶ Jonction avec une bretelle du GR 20 menant au refuge de Manganu en 3 h par le lac de Crenu.

Près du lavoir dans le haut du village, monter par un sentier en lacet dans la châtaigneraie dominant le village. Traverser en courbe de niveau un maquis de bruyères et d'arbousiers *(on découvre le village de Guagno, le Monte Trittore et plus au Nord, le Monte d'Oru).*

16 Le sentier redescend dans la châtaigneraie pour passer à proximité d'une *aghja* (ancienne aire de battage de blé). Traverser la route pour arriver, en passant près de la micro-centrale, au village de

2 h • Soccia • 700 m

▶ Jonction avec une bretelle du GR 20 menant au refuge de Manganu en 4 h par le lac de Crenu.
Emprunter la D 123 vers le Sud-Ouest jusqu'au point coté 628 m.

17 S'engager dans un sentier sur la droite qui débouche sur une piste, bifurquer sur la gauche jusqu'au pont pour entrer à

1 h 30 • Guagno-les-Bains • 425 m

Temps retour : 6 h
Guagno-les-Bains – Soccia 1 h 45 ; Orto 1 h 15 ; Guagno 3 h.

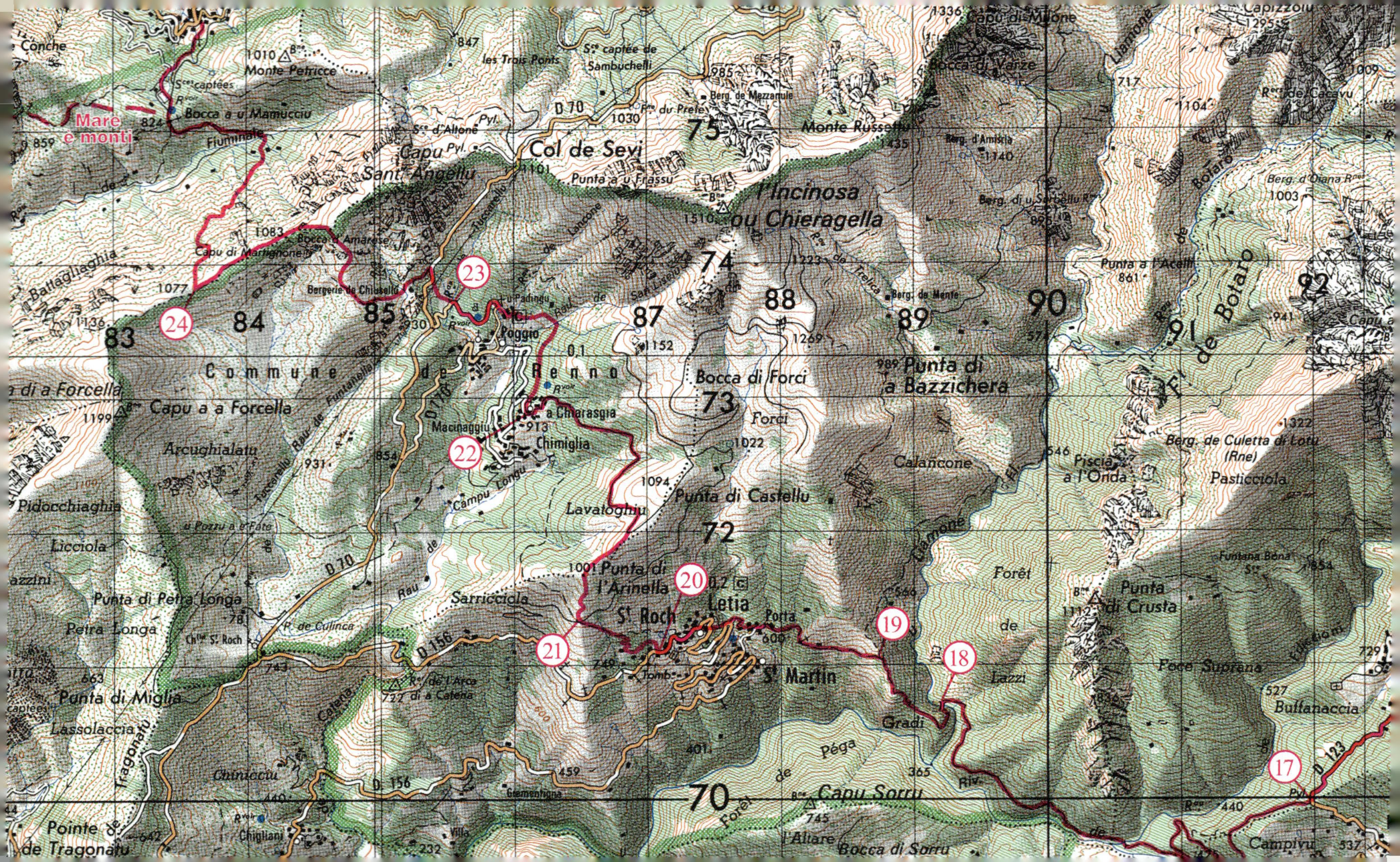

Mare e monti
Monte Petricce
Bocca a u Mamucciu
Col de Sevi
Capu Sant'Angellu
Monte Russellu
l'Incinosa ou Chieragella
Capu di Milone
Bocca di Vanze
Punta a u Frassu
Capu di Marignone
Bergerie de Chiusellu
Poggio
Renno
Commune de Renno
Capu a a Forcella
Arcughialatu
Macinaggiu
Chimiglia
a Chiarasgia
Campu Longu
Bocca di Forci
Forci
Punta di a Bazzichera
Calancone
Punta di Castellu
Lavatoghiu
Punta di l'Arinella
St Roch
Letia
St Martin
Porta
Sarricciola
Pidocchiaghia
Licciola
Punta di Petra Longa
Petra Longa
Punta di Miglia
Lassolaccia
Pointe de Tragonatu
Chigliani
Chiniccu
Gremenfigna
Capu Sorru
Bocca di Sorru
Gradi
Péga
Lazzi
Forêt de Lazzi
Punta di Crusta
Foce Suprana
Buffanaccia
Campivu
Pisciá a l'Onda
Pasticciola
Berg. de Culetta di Lotu
Punta a l'Acelli
Botaro
Capizzolu
Battagliaghia
Fiuminale
Conche
Col de Sevi
D 70
D 156
D 123
17
18
19
20
21
22
23
24

Étape 7
Guagno-les-Bains
Renno
5 h 30

Altitude maximum : 1 000 m
Dénivelés : montée 635 m
descente 150 m

Guagno-les-Bains • 425 m

Au pont, quitter immédiatement la piste pour emprunter sur la gauche le sentier. Franchir une passerelle sur le ruisseau de Filiccione. Longer ensuite la rivière Fiume Grossu, à travers une magnifique forêt de chênes verts (forêt de Lazzi).

(18) Enjamber le Liamone par un pont et grimper jusqu'à l'altitude 597 m.

(19) Se diriger plein Ouest vers le village de
2 h • Letia Saint Martin • 600 m

A Saint-Roch :

Traverser le village en direction Nord-Ouest. Gagner Letia Saint-Roch.

(20) Sur la droite après un petit pont, emprunter la piste qui rejoint le centre équestre à travers les châtaigniers. Continuer jusqu'à la prochaine intersection.

(21) Traverser la piste pour trouver une source. Continuer la montée par un sentier en lacets à travers l'alpage pour rejoindre une piste dans un virage. L'emprunter à gauche pour rejoindre le hameau de Chiarasgia (Ceresa). Descendre sur 100 m la ruelle.

(22) S'engager à droite sur le sentier des fontaines (à l'angle d'un ancien bar). Continuer en courbe de niveau jusqu'au hameau de Pudingu, situé sur la commune de

3 h 30 • Renno • 913 m

Possibilité de loger en gîtes communaux.

Temps retour : 5 h 30
Mêmes durées intermédiaires.

Le chêne vert

Le chêne vert, Quercus ilex, est une espèce caractéristique de la région méditerranéenne.

Ses feuilles persistantes, vert foncé, épaisses, coriaces et luisantes sont adaptées à la sécheresse. Il apparaît clairsemé dans le maquis, voire en bosquets épais, mais plus rarement en forêts.

Les anciennes yeuseraies sont rares en Corse car la plupart des régions avaient été déforestées ou démaquisées sous l'instigation des Génois. C'est pourtant une des formations climatiques de la Corse : lorsque l'incendie les épargne, les sols abandonnés par les cultures évoluent après des stades intermédiaires de maquis vers la forêt de chêne vert.

Étape 8
Renno
Marignana
3 h 30

Altitude maximum : 1 080 m
Dénivelés : montée 240 m
descente 420 m

Renno • 913 m

Le tracé figure sur la carte de la p. 78.
Emprunter la route au Nord-Ouest jusqu'à un pont.

23 S'engager dans un sentier qui, un peu plus loin, traverse la D 70. Prendre une piste qui monte jusqu'à la bergerie de Tiussella. Remonter par la bande de châtaigniers en traversant un petit ruisseau. Traverser cette plantation par les échelles et monter vers la crête en laissant le Capu Anghjulu sur la droite *(source aménagée à 100 m)*. Redescendre le long de la crête sur environ 400 m.

24 Le sentier bifurque sur la droite pour franchir le ruisseau de Fiuminale ; remonter jusqu'à la croix de

3 h • Bocca a u Mamucciu • 824 m

► Jonction avec le Mare e Monti.

Suivre le chemin de droite qui passe au-dessus du stade pour descendre à

30 mn • Marignana • 730 m

Pour poursuivre vers Cargèse, voir la description du Mare e Monti, pp. 41-43.

Temps retour : 3 h 30
Mêmes durées intermédiaires.

Minicale, poète corse

Natif d'Evisa en 1868, Minicale y mourut en 1963. Il était connu dans la Corse entière et faisait partie d'une génération riche en poètes, essayistes et conteurs de langue corse.

Il pratiquait particulièrement une forme de poésie appelée « Chjami è rispondi » (appels et réponses), sorte de joute oratoire au cours de laquelle, parfois des heures durant, deux poètes échangent des improvisations rythmées par une mélopée traditionnelle.

Allant de foire en foire, Minicale pratiquait avec brio cet exercice, mêlant à ses improvisations des allusions humoristiques qui ravissaient un public nombreux.

Celui-ci se passionne toujours pour cette forme de poésie issue directement des plus antiques traditions méditerranéennes.

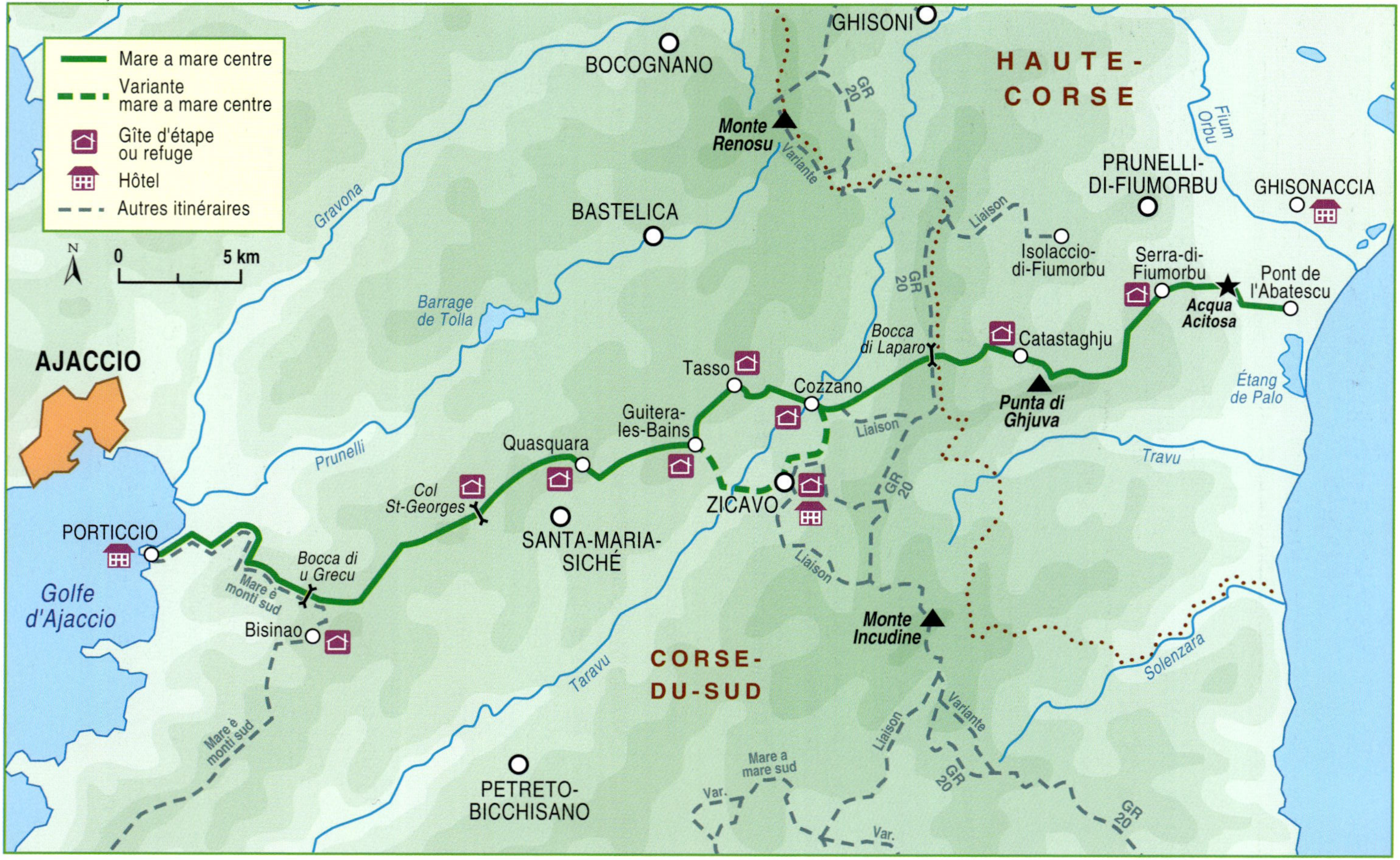

Mare a mare centre
Variante mare a mare centre
Gîte d'étape ou refuge
Hôtel
Autres itinéraires
0
5 km
N
HAUTE-CORSE
CORSE-DU-SUD
AJACCIO
Golfe d'Ajaccio
PORTICCIO
Bisinao
Bocca di u Grecu
Mare è monti sud
Col St-Georges
SANTA-MARIA-SICHÉ
PETRETO-BICCHISANO
Quasquara
Guitera-les-Bains
Tasso
Cozzano
ZICAVO
Bocca di Laparo
Catastaghju
Punta di Ghjuva
Serra-di-Fiumorbu
Acqua Acitosa
Pont de l'Abatescu
Étang de Palo
Isolaccio-di-Fiumorbu
PRUNELLI-DI-FIUMORBU
GHISONACCIA
Fium Orbu
GHISONI
BOCOGNANO
BASTELICA
Monte Renosu
Variante
GR 20
Liaison
Monte Incudine
Mare a mare sud
Var.
Gravona
Barrage de Tolla
Prunelli
Taravu
Travu
Solenzara

Mare a Mare Centre

Ghisonaccia-Porticcio

L'itinéraire de cette traversée permet la découverte de paysages variés, de régions très typées et authentiques aux villages perchés qui regardent la mer.

San Gavinu di Fiumorbu

Le Fium'orbu : grenier à blé de l'époque romaine

Le sentier prend son départ dans la plaine du Fium'orbu, fleuve qui a donné son nom à la région. L'histoire locale a laissé de nombreux vestiges notamment durant les huit siècles de présence romaine (églises, temples, thermes, canaux...). Rome a érigé cette région en véritable place forte et a développé un vaste domaine agricole propice à la culture du blé. Depuis 1960, le renouveau agricole de cette région s'est organisé autour de la culture de la vigne, de la clémentine.

Les régions de l'eau et de la forêt

Les habitants des villages du Haut Fium'orbu ont perpétré l'élevage parallèle malgré l'évolution de l'espace naturel et foncier dû à l'impact du tourisme. La qualité des paysages, la limpidité de l'eau des sources et des rivières, la richesse du patrimoine historique méritent la curiosité du promeneur.

Sur l'autre versant après la belle forêt du Col de Laparo, se présente la région du Haut Taravu (du nom de la rivière qui se jette dans le golfe du Valincu).

Le Haut Taravu est marqué par la forte présence du granite illustré par l'architecture des maisons accrochées à la montagne où culmine le Monte Alcudina (2 134 m).

La découverte de cette région est rythmée par la présence de l'eau (fleuve, sources) qui dessine le cheminement de la randonnée.

Le couvert végétal varie entre châtaigniers, pins, hêtres qui ornent les versants des montagnes. De là on aperçoit déjà la mer qui s'ouvre à l'horizon sur le plus fameux des golfes, celui d'Ajaccio.

Période conseillée, difficultés

Cet itinéraire ne présent pas de difficultés particulières ; il est praticable par tout randonneur.

En raison d'un passage à 1 500 m (Bocca Laparo), le sentier n'est fréquentable en général, que de la mi-avril à novembre. Cette période peut évoluer selon l'enneigement. Cependant, une partie de la randonnée peut être effectuée toute l'année entre Cozzano et Ajaccio (4 étapes).

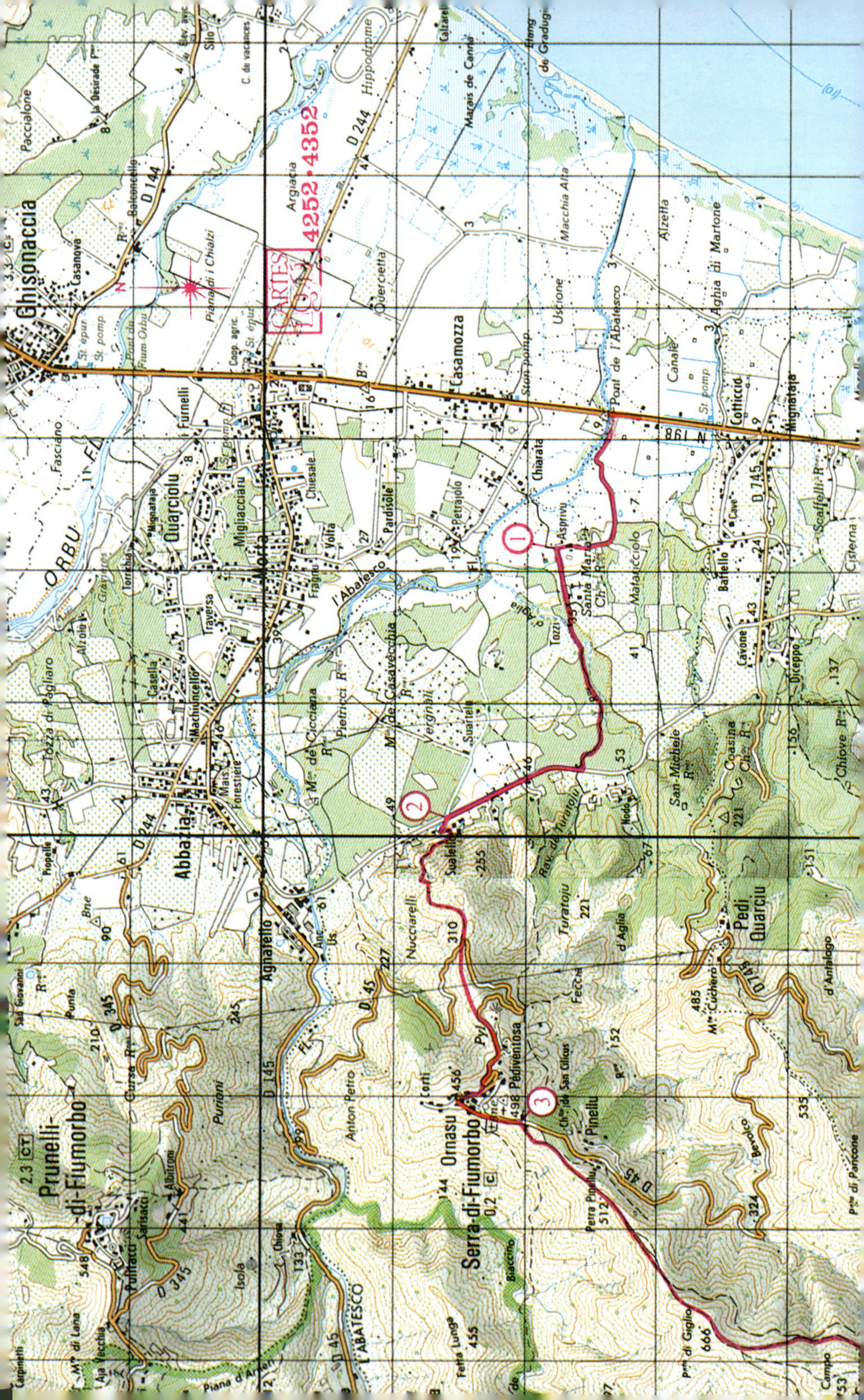

Ghisonaccia
Casanova
Paccialone
D 144
Silo
Hippodrome
D 244
4252 • 4352
CARTES IGN
Argiaca
Marais de Canna
Macchia Alta
Alzetta
Aghia di Martone
Quercietta
Casamozza
Uscione
Pont de l'Abatesco
N 198
Canale
Cotticciu
Mignataja
D 745
Scaffelli
Cisterna
Fasciano
ORBU
Furnelli
Quarciolu
Migliacciaru
Morta
Chiesale
Pardisole
Petrajolo
Chiarata
Asprivu
Santa Maria
Matacciolo
Battello
Cavone
Diceppo
Vergnali
Suarelli
l'Abatesco
Traversa
Torrichia
Casella
Machiuncello
Maison Forestière
M^ins de Casavecchia
M^ins de Cicciana
Abbazia
D 244
Agnaretto
Pedi Quarciu
San Michele
Coasina
Chiove
Nucciarelli
Turatoju
Fecchi
d'Aglia
Serra-di-Fiumorbo
Ornasu
Pediventosa
Pinellu
Petra Pinella
D 45
D 145
Anton Petro
Prunelli-di-Fiumorbo
Albitroni
Purroni
Isola
Sarsacci
Fulfacci
D 345
Aja Vecchia
Piana d'Arneri
L'ABATESCO
Fetta Lunga
Biaccino
P^te di Giglio
Campo
P^te di Pancone
1
2
3

Étape 1
Ghisonaccia Serra di Fiumorbu
3 h

Altitude maximum : 460 m
Dénivelés : montée 460 m
descente 460 m

Ghisonaccia (Pont de l'Abatescu)

▶ L'itinéraire débute au lieudit Pont de l'Abastescu *(arrêt de car)* sur la rive droite de la RN 198, à 2,3 km au Sud de Ghisonaccia.
Emprunter la petite route et atteindre le lieudit

30 mn • Asprivu • 30 m

1 Suivre la route goudronnée jusqu'au bout, la quitter par la droite et prendre une piste pour atteindre une petite route (ancienne voie ferrée), emprunter celle-ci à droite sur 2 km.

2 La quitter par la gauche pour atteindre le lieudit

1 h • Acquacitosa • 69 m
(Sualellu sur la carte)
Source ferrugineuse

Le Fiumorbu

S'engager dans le sentier à proximité d'une habitation *(bien suivre le balisage)* et continuer en direction du Nord-Ouest. Le chemin s'élève progressivement dans du maquis puis dans une forêt de chênes verts. Traverser la D 45 à une sorte de col (310 m) puis s'engager sur un sentier pendant quelques centaines de mètres, pour atteindre l'entrée Est du village. Continuer sur la route direction Nord pour arriver au gîte de

1 h 30 • Serra di Fiumorbu • 460 m

Au lieudit Ornasu.

Temps retour : 2 h

Serra di Fiumorbu-Acqua Acitosa 1 h ; Asprivu 40 mn ; Pont de l'Abatescu 20 mn.

Serra-di-Fiumorbo
San-Gavino-di-Fiumorbo
Ania
Casanili
Murciconi
Pinellu
Punta di Quarcio Grosso
Bocca di Minagoli
Bocca di Juva
Punta di Juva
Punta di Penna di l'Aquila
Col de Laparo
Col de Rapari
Punta di Campolongo
Mte Milajo
Faetta d'Agnoli
Punta di Monte Sordu
Punta di u Faiu
Bocca di Bianca
Miracelli
Catastajo
GR 20
4252
4253
3
4
5

Étape 2
Serra di Fiumorbu Catastaghju
4 h

Altitude maximum : 957 m
Dénivelés : montée 497 m
descente 433 m

Serra di Fiumorbu • 460 m

Prendre la route en direction de Ventiseri (vers le Sud) sur environ 300 m.

(3) Emprunter une piste à droite sur 2 km qui s'élève régulièrement. Le chemin conduit ensuite à Scala (791 m). *Bien suivre le balisage car une piste forestière coupe plusieurs fois le sentier.*

► Un itinéraire baptisé sentier de Pays permet de rejoindre Bovile (45 mn) et Chisa (3 h 30). Prendre la direction de Bocca di Ghjuva.

(4) Remonter en direction de Quarciu-Grossu pour passer pratiquement sous le sommet (957 m).

(5) Effectuer une progression en courbe de niveau, puis par une descente par endroits très raide, arriver à

1 h 45 • Bocca Minaguli • 893 m
Continuer en direction Nord-Ouest pour gagner la face Nord du Monte Curbaghju et atteindre

45 mn • Bocca di Ghjuva • 866 m

► Il est possible de rejoindre Chisa (1 h 10) ou les bergeries de Bianca (2 h 15) par Monte Sordu. Éventuellement, une liaison avec le GR 20 est possible à partir de Bocca di Bianca (itinéraire balisé, 1 h 30).

Entamer une descente en direction du hameau d'Ania puis continuer vers Punta di Cervu (807 m). En arrivant à un carrefour (Ania – Bocca di Ghjuva – Catastaghju), prendre sur la gauche et continuer en courbe de niveau sous les pins maritimes entrecoupés de chênes verts.
Emprunter un passage, plus raide dans la partie finale, qui mène à la rivière Abatescu et franchir le fleuve par la passerelle de

1 h 30 • Catastaghju • 523 m

Orthographié Catastajo sur la carte IGN.
Situé à 3 km du village de San Gavinu di Fiumorbu.

Temps retour : 4 h
Catastaghju – Bocca di Ghjuva 1 h 40 ; Bocca Minaguli 20 mn ; Scala 30 mn ; Serra di Fiumorbu 1 h 30.

CARTES IGN
4252
4253
GR 20
Col de Rapari
Punta di Campolongo
Mt. Milajo
Col de Laparo
Punta Mozza
Punta Bianca
Monte Formicola
Refuge d'Usciolu
Bocca di l'Usciolu
Punta di l'Usciolu
Tintennaja
Bocca di Bianca
Bergerie de Bianca
Punta di u Faiu
Punta di Monte Sordu
Faetta d'Agnoli
Miracelli
Chisa
Palneca
Ciamannacce
Cozzano
Concata
Punta di Moratella
Crête du Miratoju
Crête de Castellare
Castellare
Punta di l'Erbacciu
Bergerie de Pinettu
Nivalone
Niolata
Concarella
Affacciatoju
Ponte di Mezzanu
Sardegna
Mais. Forest. de St-Antoine
Scrivano
P. de la Dispensa
P. de Brando
Chiarascie
6
7
8
9

Étape 3
Catastaghju
Cozzano
6 h 40

Altitude maximum : 1 525 m
Dénivelés : montée 1 002 m
descente 798 m

Catastaghju • 523 m

Le sentier s'élève progressivement et régulièrement à travers une forêt de pins maritimes sur la rive gauche du ruisseau de Macini. Le franchir et atteindre les bergeries de Scanciatella. Traverser ensuite trois petits ruisseaux et pénétrer dans une hêtraie pour atteindre

4 h • Bocca Laparo • 1 525 m

► Croisement avec le GR 20 : au Nord, le refuge de Prati (1 845 m) à 2 h 30 ; au Sud, le refuge d'Usciolu à 2 h 45.

Descendre en direction du Sud-Ouest en pente assez régulière sous un couvert végétal (hêtres et pins). Poursuivre en traversant quelques petits ruisseaux.

L'itinéraire aboutit sur une piste qu'il faut suivre durant 2 km. Continuer jusqu'à une petite clairière au bord de la route située sous les collines des Poleschi au lieudit

6 **1 h 10 • À Rughja • 1 240 m**
S'engager alors dans une légère descente dans la forêt de Cerutti (pins laricio), franchir le ruisseau de Benedetta.

7 Atteindre un petit plateau au lieudit Faetalla (1 079 m). Traverser le ruisseau de Biancone et continuer tout droit.

8 Atteindre la jonction avec la bretelle du GR 20 qui monte au refuge d'Usciolu en 4 h.

Descendre pendant dix minutes environ puis gagner le pont de Mezzanu à la sortie Nord-Est du village de

1 h 30 • Cozzano • 727 m

Temps retour : 7 h

Cozzano– Rughja 1 h 50 ; col de Laparo 1 h 20 ; Catastaghju 3 h 50.

CINQ COMMUNES
Pte de Chierchiaggiola
Col de Bottaggio
CARTES IGN
4252
4253
Pointe de Malvesa
Tasso
Nivali Vecchi
Sampolo
Drabuccio
Ciamannacce
P. de Brando
Cozzano
Concata
Punta di Moratella
Crête du Mi
Ponte di Mezzanu
GR 20
Affacciatoju
Giovicacce
Pisola
Saparelle
Arja Petrata
Petra Mezza
Punta Maio
u Cadutu
Erbajolu
Valdu di Tassi
Furnace
Casamondaccia
Guitera-les-Bains
Rondinaja
Punta di Bozzi
Autinella
u Vergaju
Onda
Niolata
Nivalone
Concarella
Castellare
Punta di l'Erbacciu
Focicchia
Acqua Fredda
Punta di Buchino
Zicavo
Monte Occhiatu
Punta Nera
Bocca di l'Agnone
Padulelli
Scialmaccia
Casa Vecchia
Stazzona
Variante

Étape 4
Cozzano
Guitera
4 h 30

Altitude maximum : 955 m
Dénivelés : montée 505 m
descente 612 m

Cozzano • 727 m

► Pour cette étape, deux itinéraires sont possibles : l'itinéraire principal passant par Tasso et la variante de Zicavo (voir p. 93).

Emprunter la D 757 vers le Sud-Ouest jusqu'à la sortie du village.

(9) S'engager à droite dans le sentier qui descend à Ponte di u Pinu. Après le pont, suivre le D 328 sur 100 m, puis le quitter pour remonter au petit hameau de A Parata. Gagner ensuite le village de

1 h 10 • Sampolu • 844 m

(10) S'engager au Sud sur le sentier qui descend en lacets jusqu'au ruisseau de Barbalatu. Remonter jusqu'à

30 mn • Giovicacce • 654 m
Emprunter la D 28 sur environ 500 m.

(11) S'engager à gauche dans le sentier vers l'Ouest, passer au lieudit Saparelle, puis traverser une châtaigneraie. S'élever alors vers

50 mn • Tasso • 830 m

Du centre du village, suivre vers le Sud une piste jusqu'à Pinettu.

(12) Prendre le sentier direction Sud-Ouest sous une grande châtaigneraie, près de Arghja Petraghja. L'itinéraire effectue une traversée facile pour passer successivement les ruisseaux de Filetta et Cadutu.

Le châtaignier

Arbre fruitier planté par l'homme, le châtaignier s'épanouit entre 600 et 1 000 m d'altitude. La châtaigneraie corse couvre environ 40 000 hectares dont la plus grande partie se trouve en Castagniccia.

Le châtaignier, arbre à pain, a nourri au cours des siècles bien des générations. Il produit un fruit qui peut se consommer sous de multiples formes. Cela va de la châtaigne séchée à la farine de châtaigne (cuisinée de diverses façons : pulenta, falculella...), en passant par la châtaigne bouillie (balotte) ou grillée au feu de bois (fagioli). Après une période d'oubli, le châtaignier semble retrouver auprès de la population un regain d'intérêt.

La châtaigne

La châtaigneraie fut jusqu'à la dernière guerre l'objet des soins attentifs des Corses. En effet, le châtaignier, aussi appelé « Arbre à Pain », fournissait l'essentiel de la nourriture. Sous des formes variées, telle que pulenda (semoule), beignet, cuite à l'eau ou bien grillée, la châtaigne a, durant des siècles, été l'aliment quotidien du corse.

Aujourd'hui, supplantée par d'autres mets issus d'un mode de vie différent, la châtaigne joue un rôle mineur dans l'économie locale. Servant principalement de nourriture aux porcs en divagation, la châtaigne fournit également une farine réputée, considérée actuellement, de par sa rareté, comme un produit de luxe.

La farine de châtaigne

Après la cueillette, les châtaignes sont placées dans des séchoirs parsemés à travers la châtaigneraie.
Séchées progressivement, elles sont ensuite passées au four puis moulues en farine.

Élément essentiel dans la nourriture des anciens, la farine de châtaigne sert notamment à la confection de bouillies « i brilluli » ou à faire « a pulenda », selon une recette particulière à la région d'Evisa : faire bouillir de l'eau salée dans une grande marmite, y jeter 100 à 150 g de farine tamisée par personne et, après avoir fait un trou au centre à l'aide du « pulindaghju » (manche en bois), laisser le bouillon recouvrir la farine (4 mn). Sortir la marmite du feu, jeter l'excédent d'eau pour ne laisser que de quoi recouvrir deux fois la farine environ. Travailler immédiatement et vigoureusement avec le « pulindaghju » pour obtenir une pâte dense et sans grumeaux. Remettre la marmite au feu jusqu'à ce que la « pulenda » se détache, la renverser dans un linge couvert de farine. À consommer en tranches avec du brocciu, des figatelli ou même des œufs.

U Cignale : le sanglier

Son image, ses qualités de stratège rusé, sa force et sa vitesse, son ouïe et son odorat, l'ont toujours fait considérer comme un adversaire respecté.

Présent dans les veillées, portant l'imagination des grands et des petits, sa chasse en battue demeure un des loisirs des villageois.

Il abonde aujourd'hui en Corse. La plupart sont cependant des « sigoni », sangliers à l'origine de pure souche, ou des « razzoni », croisés avec les nombreux porcs en liberté.

Ce croisement, s'il augmente le nombre de sangliers, comporte pourtant le risque de voir disparaître l'espèce originelle.

Par une légère montée, atteindre

1 h 10 • Valdu di Tassi • 955 m

13 Au croisement avec le sentier qui part vers Bocca di Lera, prendre la direction Sud. Une descente raide amène au centre du village de

50 mn • Guitera • 620 m

Temps retour : 4 h 40

Guitera – Valdu di Tassi 1 h 10 ; Tasso 1 h 30 ; Cozzano 2 h.

Variante de Zicavo • 4 h 30

Près du centre de Cozzano, monter sous une chênaie puis une hêtraie. Arriver sur un grand plateau (bergerie de Pinettu). Continuer pour atteindre Focicchia (1 150 m). Passer deux ruisseaux.

A *Croiser la bretelle du GR 20 qui mène à Bocca di l'Agnone et au refuge d'Usciolu en 3 h.* Descendre sous des châtaigniers. Arriver près de la chapelle San Roccu au Nord de

2 h 30 • Zicavo • 725 m

Traverser le village et prendre au Sud le sentier.

B Passer le pont de Grimaldu, continuer par une montée jusqu'à un col. Descendre vers la rivière (passage assez raide). Emprunter la passerelle sur le ruisseau de Cavatella. Après une légère montée *(panorama sur les gorges d'A Mulina)*, continuer jusqu'à la passerelle franchissant le Taravu, aux

1 h 30 • Bains-de-Guitera • 450 m

Au centre du village, prendre le sentier qui passe à Calcinaghju. Rejoindre le ruisseau de Camproni puis arriver sur la D 28 ; l'emprunter vers l'Ouest jusqu'à

30 mn • Guitera • 620 m

Guitera-les-Bains
Bains de Guitera
Punta di Forca d'Olmu
Punta di Gialletoja
Punta di l'Usciolu
Bocca di l'Usciolu
Rissalmaccia
Rusticaccia
Foce di Petimozzi
Valdu di Tassi
Punta di Bozzi
Manganu
Bocca di Lera
Cruciata
Casa Vecchia
Scialmaccia
Stazzona
Punta d'Urghiavari
Maria-Siche
Bocca di Sant'Albertu
Bocca di Sant'Antone
Valdu d'Esca
Punta di Petra Niella
Quasquara
Punta di Finocchiaja
Frasseto
Campo
Zécavo
Arja Pilosa
Falcione
Acqua Tennera
Ariola
Corrano
Col de Granace
Filettu
Pamenti
Ponte Nove
CARTES IGN 4153 4253
12
13
14
15
16
17
18

Étape 5
Guitera
Quasquara
4 h 10

Altitude maximum : 1 048 m
Dénivelés : montée 468 m
descente 368 m

Guitera • 620 m

⑭ Après le lavoir situé dans le haut du village, prendre à gauche une route qui devient une piste s'élevant à travers une forêt de chênes verts et de châtaigniers. Passer au lieudit Scialmaccia, puis en contrebas de Punta di Bozzi (1 086 m), traverser une petite clairière *(on aperçoit les villages de Cozzano et Zicavo)*. Atteindre ensuite Bocca di Lera (1 048 m), vaste plateau en partie boisé où se croisent de nombreux sentiers. Prendre la direction Ouest pour entamer la descente vers Frasseto.

⑮ Passer près de la fontaine de Ballatoghju, puis sous une chênaie à Cruciata di Tuacara (952 m ; croisement de sentiers).

Noter la présence dans les zones humides de nombreuses plantations de châtaigniers. Dans la descente régulière, on peut observer Punta Usciolu et Punta di Forca d'Olmu.

Passer à Braccia et au lieudit Vadigonu pour arriver à une piste au Nord du village.

⑯ L'emprunter sur 600 m environ pour atteindre le centre du village de

3 h 30 • Frasseto • 680 m

Prendre la route en direction de Campo.
S'engager sur 150 m en direction du pont qui enjambe la rivière de Chiova.

⑰ Prendre à droite le sentier qui part à l'Ouest dans du haut maquis pour déboucher sur une grande châtaigneraie ; la traverser pour passer ensuite près d'un tombeau, juste avant d'arriver à

40 mn • Quasquara • 721 m

Temps retour : 4 h
Quasquara – Frasseto 40 mn ; Bocca di Lera 1 h 50 ; Guitera 1 h 30.

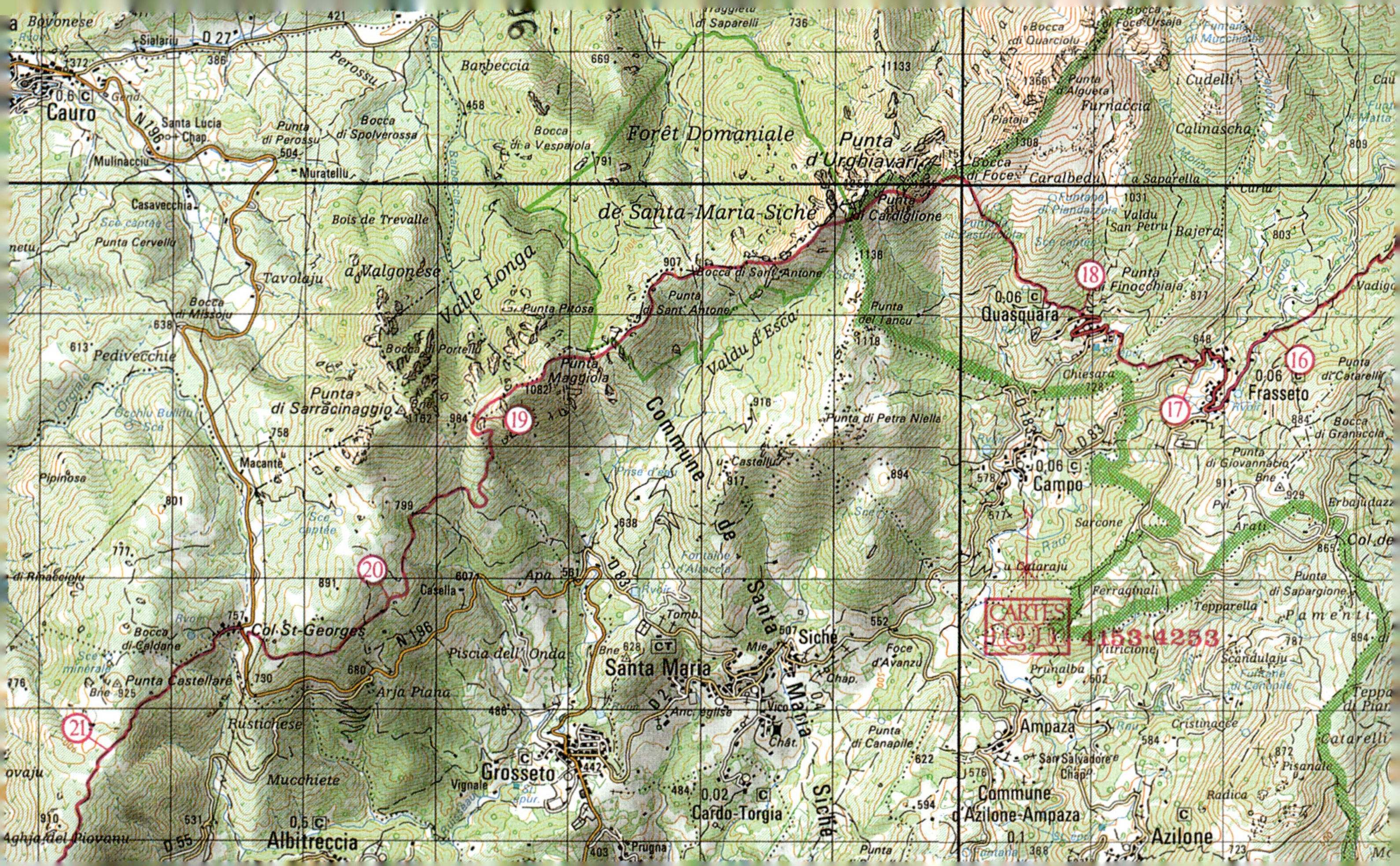

96
Cauro
Bovonese
Sialariu
D 27
Perossu
Barbeccia
Forêt Domaniale
de Santa-Maria-Siché
Punta d'Urghiavari
Bocca di Foce Caralbedu
Punta di Cardiglione
Furnaccia
Calinascha
Cudelli
Quasquara
Punta Finocchiaja
Frasseto
Punta di Catarelli
Bocca di Granaccia
Campo
Chiesara
Sarcone
Ferragnali
Tepparella
Punta di Sargione
Pamenti
Col de
Vitricione
Prunalba
Scandulaju
Cristinacce
Ampaza
San Salvadore Chap.
Commune d'Azilone-Ampaza
Azilone
Radica
Pisanale
Catarelli
Teppa di Piar
Erbajudazz
Punta di Giovannacio
Arati
Valle Longa
d'Valgonese
Bois de Trevalle
Tavolaju
Punta Cervello
Casavecchia
Muratellu
Mulinacciu
Santa Lucia Chap.
N 196
Punta di Perossu
Bocca di Spolverossa
Bocca di a Vespajola
Bocca di Missoju
Pedivecchie
Punta di Sarracinaggio
Bocca di Portello
Punta Pitosa
Punta Maggiola
Bocca di Sant'Antone
Punta di Sant'Antone
Valdu d'Esca
Punta del Tancu
Punta di Petra Niella
Commune de Santa Maria Siché
Castellu
Fontaine d'Alaccia
Santa Maria
Siché
Foce d'Avanzu
Punta di Canapile
Vico
Chât.
Cardo-Torgia
Grosseto
Prugna
Vignale
Albitreccia
Mucchiete
Rustichese
Arja Piana
Piscia dell'Onda
Casella
Apa
D 83
Col St-Georges
Bocca di Caldane
Punta Castellare
Macante
Pipinosa
Aghja del Piovanu
D 55
CARTES IGN 4153-4253
16
17
18
19
20
21

Étape 6
Quasquara
Col St-Georges
6 h

Altitude maximum : 1 150 m
Dénivelés : montée 616 m
descente 586 m

Quasquara • 721 m

18 Le départ du sentier est au-dessus du village. Il grimpe sous les châtaigniers pendant 1 h 30 environ pour rejoindre Bocca di Foce (1 150 m). Traverser le plateau d'Arena en laissant sur la droite Punta d'Urghiavari. Continuer en ligne de crête, orientée Sud-Ouest. Après une descente à travers les blocs de granit le sentier rejoint

3 h • Bocca di Sant'Antonu • 907 m
Continuer juste sous Punta Maggiola (1 082 m) *(sites toréens)* et Punta di a Crena (1 066 m). Le sentier perd alors de l'altitude et gagne un

19 **1 h 10 • petit col • 984 m**
S'engager dans une descente (de maquis et de chênes verts) pour atteindre une zone déboisée où le sentier change brusquement de direction. Entamer une traversée en courbe de niveau, pour déboucher sur une piste que l'on suit sur 300 m environ. La quitter en prenant à gauche la direction Sud pour atteindre un plateau dénudé dénommé

20 **1 h • Pian di Sapare • 820 m**
Le traverser dans la direction Sud pour s'engager de nouveau sous les chênes verts et atteindre le

50 mn • col Saint-Georges • 757 m

Temps retour : 5 h 45
St-Georges – col 984 m 2 h 10 ; Bocca di Sant'Antonu 40 mn ; Bocca di Foce 2 h 10 ; Quasquara 45 mn.

A Scopa : la bruyère

« Bacciardu cume a scopa » : menteur comme la bruyère... qui fleurit et ne donne pas de fruit.

Pourtant, toujours étroitement liée à la vie rurale, elle assurait, fleurie en fin d'hiver, à elle seule, la nourriture des bovins. Elle fournissait toute l'année du bois pour chauffer le four, des rameaux pour faire des balais, des souches dont on faisait de fameuses pipes...
Elle est encore le meilleur bois pour allumer « son feu ».
Trois bruyères existent en Corse : arborescente, à balai, terminale.

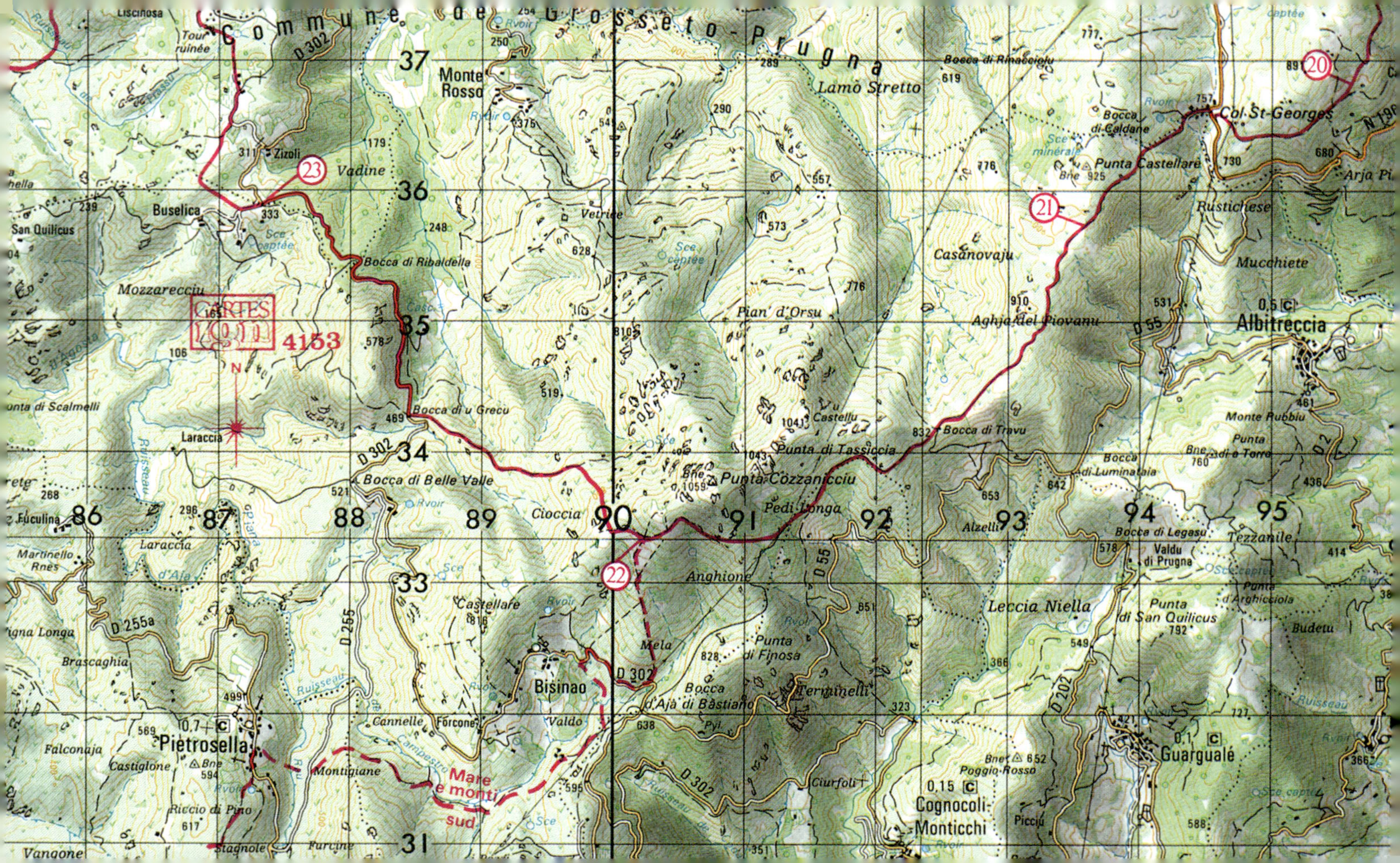

Commune de Grosseto-Prugna
Monte Rosso
Zizoli
Vadine
Buselica
San Quilicus
Bocca di Ribaldella
Mozzarecciu
Vetrice
Laraccia
Bocca di u Grecu
Bocca di Belle Valle
Cioccia
Castellare
Bisinao
Valdo
Cannelle
Forcone
Pietrosella
Castiglone
Falconaja
Montigiane
Mare e monti sud
Riccio di Pino
Vangone
Stagnole
Furcinu
Brascaghia
Anghione
Mela
Bocca d'Aja di Bastiano
Punta di Finosa
Terminelli
Ciurfoli
Cognocoli-Monticchi
Poggio-Rosso
Picciu
Lamo Stretto
Bocca di Rimacciolu
Pian d'Orsu
Castellu
Punta di Tassiccia
Punta Cozzanicciu
Pedi Longa
Alzelli
Bocca di Travu
Casanovaju
Aghja del Piovanu
Punta Castellare
Bocca di Caldane
Col St-Georges
Rustichese
Mucchiete
Albitreccia
Monte Rubbiu
Bocca di Luminataia
Bocca di Legasu
Valdu di Prugna
Leccia Niella
Punta di San Quilicus
Punta d'Arghicciola
Tezzanile
Budetu
Guargualé
Arja Pi.
CARTES IGN 4153
D 302
D 55
D 255
D 255a
D 202
N 196
20
21
22
23

Étape 7
Col St-Georges
Porticcio
5 h 30

Altitude maximum : 890 m
Dénivelés : montée 296 m
descente 950 m

Col Saint-Georges • 757 m

Le sentier commence près de l'auberge située au col. Après une courte montée, il traverse des chênes verts.

(21) Aboutir à un long replat (810 m) en contrebas de Punta Castellare. Continuer en courbe de niveau jusqu'à Aghja d'u Piuvanu (910 m) puis, par une piste, à

1 h 20 • Bocca di u Travu • 832 m

Franchir le col, prendre une piste à droite sur 300 m, s'engager sur le sentier pour atteindre un pylône EDF, poursuivre en courbe de niveau jusqu'au point de jonction avec le sentier *Mare e Monti Sud*.

▶ Possibilité de rejoindre le village de Bisinao (1 h environ).

(22) Descendre jusqu'à

2 h 30 • Bocca di u Grecu • 469 m

« Le porc coureur »

Chaque famille corse a toujours dans l'intérieur « fait son cochon », « u porcu manarinu » élevé près de la maison, nourri des reliefs de repas, de pain sec et de son, mais aussi de glands et de châtaignes.

Aujourd'hui, l'élevage du porc se fait de façon beaucoup plus extensive : « le porc coureur » continue à se nourrir de glands et châtaignes, mais il remue aussi le sol pour trouver racines, tubercules... tout en occasionnant bien des dégâts au milieu naturel. C'est pourtant son élevage qui a sauvé bien

des régions de l'intérieur et qui permet de goûter encore une bonne charcuterie : prisuttu, lonzu, coppa, figatellu, et salamu.

Aéronautique Navale
Scoglietti
AJACCIO
Aéroport d'Ajaccio-Campo dell' Oro
Gravona
Vergajolo Rnes
a Fraschiccia
Suaralta
Bocca di a Seghia
Forcala
Aqua Dolce
N 196
D 55b
Pisciatello
D 55
Capitoro
D 302
Ornasca
Prunelli
Rotolo
Tour de Capitello
Ciormolu
CARTES ign
4153
Plage de Porticcio
Résidence Capitello
Candilelli
Villanacciu
Bomortu
Marina Viva
Résidence du Golfe d'Ajaccio
Lunera
les Hauts de la Résidence du Golfe
Casabianca
Casas d'Oro
Liscinosa
Tour ruinée
Porticcio
di Porticcio
Canne
Ecueil Dorbera
Fort
Lorello
Punta di Rancichella
Punta di Vesco
les Hameaux de Porticcio
Buselica
San Quilicus
Uccioli
Bonza
23
Mozzarecciu
Mie annexe
Plage d'Agosta
Rotajolo
Razza
Molini
Punta di Scalmelli
D 55
D 445
Laraccia
Marincaggi
Campu di Prete
D 255a
81
82
83
84
85
86
87
Fuculina
Valle d'Olmo
Sampiero
Petinello
Sachetti
Martinello Rnes
Sorbelle
Calcina
Casacce
Vigna Longa
D 255a
Gruciata
Capo Vecchio
Brascaghia
Arena Rossa
Ghiatone
Castello Rosso
Bainzo
Vazzanelli
Pietrosella
Falconaja
Castiglone
le Ruppione
Muroncello
Mare e monti sud
Plage du Ruppione
Riccio di Pino

Le golfe d'Ajaccio

Suivre la D 302 sur environ 2,5 km.

23 À Bocca di Buselica, s'engager à gauche sur le sentier qui mène à

50 mn • Zizoli • 375 m

L'itinéraire continue vers la tour de Frassu (XVe siècle), descend à travers le maquis jusqu'au cimetière. Suivre la route jusqu'à

50 mn • Porticcio

Navettes maritimes pour rejoindre Ajaccio-Ville.

Temps retour : 7 h 30
Porticcio-Zizoli 1 h 50 ; Bocca di u Grecu 1 h 10 ; Bocca di u Travu 3 h 30 ; col Saint-Georges 1 h.

AJACCIO
CORSE-
DU-SUD
Barrage
de Tolla
Gravona
Prunelli
Mare a
mare centre
SANTA-MARIA-
SICHÉ
PORTICCIO
Golfe
d'Ajaccio
Bocca di
u Grecu
Pietrosella
Bisinao
Punta di
Sette Nave
Forêt de
Chiavari
PETRETO-
BICCHISANO
Coti-
Chiavari
Taravu
Capo di
Muro
Site préhistorique
de Filitosa
Serra-
di-Ferru
OLMETO
Burgo
Punta di
Porto-Pollo
Porto-
Pollo
Mare a
mare sud
Golfe de Valincu
PROPRIANO
Rizzanese
Punta di
Campomoro
CORSE-
DU-SUD
SARTÈNE
Mare è monti sud
Gîte d'étape
ou refuge
Hôtel
Autres itinéraires
N
0
5 km
Ortolu
Punta di Senetosa

Mare e Monti Sud

Porticcio-Propriano

Ce nouvel itinéraire vous invite à parcourir à la fois la Corse traditionnelle de l'intérieur et les rivages enchanteurs des golfes d'Ajaccio et du Valincu. Mer et Montagne, conjuguées une nouvelle fois, mais avec l'accent du Sud.

Mer et montagne, des liens très forts

Du golfe d'Ajaccio au golfe du Valincu, par la baie de Cupabia et la plage de Porto-Pollo, par-delà les saisons, le maquis toujours vert, luxuriant et en baie ou parfumé et fleuri, marie ses subtiles effluves aux embruns de la mer.

De village en hameau, de chapelle en église, le témoignage vivant d'un passé riche en labeur transparaît entre ces murs de pierres sèches, ces aires à blé abandonnées, ces rares jardins encore cultivés ou ces quelques prairies herbeuses.

A Piaghja

Fréquentées jadis de l'automne au printemps, ces terres propices à la culture et à l'élevage, accueillaient les communautés du Talavu (Zicavo), de l'Urnanu (Sainte-Marie-Sicché) et de l'Istria (Petreto et Olmeto).

Les déplacements entre le village, u paese et le littoral a piaghja, étaient fréquents car la vie continuait parallèlement des deux côtés : cueillette de châtaignes, d'olives, moissons et vendanges.

Une plage du Sud

Des points de vue, des paysages inoubliables

Chaque anse, chaque crique, chaque baie, chaque cap dominé par des tours de défense ou de surveillance, offre au regard un paysage insolite dont la composition à chaque fois différente, surprend par son harmonie et sa beauté. À la douceur des premiers rivages de Porticcio, succède la profondeur sauvage de Capu di Muru, le charme et la quiétude de Cupabia et les opales des rives du Valincu.

La chaîne montagneuse, avec ses hauteurs enneigées jusqu'à la fin du printemps, domine tout cela. De Coti-Chiavari, elle s'offre totalement et propose aux yeux de tous, ses prestigieux sommets : Capu Tafunatu, Paglia Orba, Monte Cintu, Punta Artica, Ritondu, Rinosu, Alcudina, Cagna... et puis au Sud, par temps clair, au-delà de la mer, les premiers reliefs d'une autre île, la Sardaigne.

Période conseillée, difficultés

Cet itinéraire de moyenne randonnée est accessible à tous. Les périodes les plus agréables pour le parcourir, sont le printemps et l'automne.

Pour une randonnée confortable, nous vous conseillons de faire le parcours en hôtel. Il est nécessaire de bien préparer votre randonnée à l'avance.

du Golfe d'Ajaccio
les Hauts de la Résidence du Golfe
Casabianca
Liscinosa
Casas d'Oro
Punta di Sant' Alpianu
Commune de Grosseto-Pru
Gallo
Punta di Corbu
Punta d'Alzitella
Punta di Chiusa
Porticcio
Tour ruinée
Monte Rosso
Canne
Zizoli
Vadine
Lorello
Fort
Punta di Rancichella
Buselica
Punta di Vesco
les Hameaux de Porticcio
San Quilicus
Uccioli
Bonza
Bocca di Ribaldella
Mozzarecciu
Vetrice
Pian' d'Ors
Mie annexe
Rotajolo
Razza
Molini
Punta di Scalmelli
Bocca di u Grecu
Plage d'Agosta
CARTES IGN
4153
Laraccia
Marincaggi
Campu di Prete
Bocca di Belle Valle
Punta Cozza
Valle d'Olmo
Fuculina
Cioccia
Mare a mare Centre
Sampiero
Petinello
Sachetti
Martinello Rnes
Anghione
Sorbelle
Castellare
Calcina
Casacce
Vigna Longa
Brascaghia
Punta di Finosa
Cruciata
Capo Vecchio
Bisinao
Bocca d'Aja di Bastiano
Arena Rossa
Bainzo
Vazzanelli
Valdo
Ghjatone
Castello Rosso
Cannelle
Forcone
Pietrosella
Falconaja
Castiglone
Montigiane
le Ruppione
Muroncello
D 302
D 255a
D 255
D 55

Étape 1
Porticcio
Bisinao
6 h

Altitude maximum : 870 m
Dénivelés : montée 945 m
descente 323 m

Porticcio

► *Attention, l'étape croise à plusieurs reprises un sentier de randonnée équestre, balisé lui aussi en orange (couleur différente et balises plus grosses). Rester vigilant.*

En plein centre, face au syndicat d'initiative, prendre la route en direction de la résidence Terra Bella.
Passer le lotissement et poursuivre jusqu'au cimetière. Le sentier grimpe puis s'enfonce dans le maquis, et passe le ruisseau de Frassu.

(1) Atteindre la Tour de Frassu (XVe siècle), poursuivre en courbe de niveau sous les grands chênes puis grimper vers la crête jusqu'au lieudit.

1 h 50 • Zizoli • 375 m

Continuer par la route (100 m environ), s'engager à droite dans le sentier pour atteindre Bocca di Buselica (333 m).

(2) Suivre la D 302 sur 2,5 km environ jusqu'à

1 h 10 • Bocca di u Grecu • 469 m

S'engager sur un sentier qui monte raide dans le maquis jusqu'à une plate-forme *(vue sur le golfe d'Ajaccio)*. Le sentier grimpe sur une crête et chemine le long d'un mur.

(3) **2 h • Jonction avec le sentier Mare a Mare Centre**

Descendre jusqu'à la départementale, puis la prendre à droite sur 1,3 km pour rejoindre le village de

1 h • Bisinao • 632 m

Temps retour : voir p. 117.

82
83
84
85
86
87
Marincaggi
Campu di Prete
D 255a
Valle d'Olmo
Fuculina
Laraccia
Sampiero
Petinello
Sachetti
Martinello Rnes
Sorbelle
CARTES 1910
4153
Calcina
Casacce
Vigna Longa
D 255a
Cruciata
Capo Vecchio
Brascaghia
Arena Rossa
Ghiatone
Castello Rosso
Bainzo
Vazzanelli
Pietrosella
le Ruppione
Falconaja
Castiglone
Plage du Ruppione
Muroncello
Riccio di Pino
Anse Ottioni
Colombola
Stagnole
Vangone
Piazzile
D 255
Acelasca
Cruello
Minataju
D 55
Punta di Pinarello
Bocca di Pozzoli
Graticella Rnes
Pruno
Punta di San Peru
Poste élect.
Petra Occhiaja
Sant' Amanza
Vangone di Pruno
Saparaccia
Crispolaju
FORÊT DOMANIALE DE CHIAVARI
La Fica Rnes
Sarra
Zirione
Punta di u Monte
Petinello Sottano
Monte Tignoso
Tivarelle
Castagnaresa
Petinello Soprano
Monte Russelo
Monte Sapara Porcaja
D 55
Laticapso Rnes
Cannicciu
Gradello
Ancien Pénitencier de Chiavari
Bocca di Gradello
Funtana di Riaggiola
Vitriconu
Cadetu
Maganese
D 355
Punta di Gradello
Cortonu
Prise d'eau
Batiticce
Punta di a Noce
D 55
Col de Cortonu
Punta di Malamatina
Valle di Sa
Caporale
Punta di a Chiappa Rossa
Pedente
Bocca di a Serra
Valle di Piobelli
D 55a
Punta di u Caraponu
Apparticcie
Coti-Chiavari
Cardicciola
Evangelio
Punta di Santa Degna
Funtana d'Evangelio
Ciucciaja
Pratavone
Punta di a Saina
Punta di Granajo
Alferuccio
Bocca di Cielgne
Burbuta
Acqua Tenera
Granajo
Prunello
Bocca di Pianza

Étape 2
Bisinao
Coti-Chiavari
5 h 30

Altitude maximum : 650 m
Dénivelés : montée 311 m
descente 451 m

Bisinao • 632 m

250 m après le village, le sentier part à droite, descend pour rejoindre le ruisseau de Campestru. Le suivre sur la rive gauche en passant près de Valdu, puis peu à peu s'en écarter pour atteindre au lieudit Montigiane la D 255.

4 Traverser la route, descendre jusqu'au ruisseau et rejoindre le village de

1 h 45 • Pietrosella • 500 m

Tourner à gauche, traverser le village. S'engager à droite dans un sentier qui grimpe fortement dans le maquis.

5 Suivre un mur pour atteindre le plateau de Prunu *(de gros blocs dominent à l'Ouest – vue sur la mer)*.
L'itinéraire continue sur une ancienne piste (400 m environ).

6 Bifurquer à gauche, sous les chênes, pour rejoindre Monte Canarellu (630 m). Poursuivre sur la crête vers Monte Tignosu *(vue sur le golfe d'Ajaccio)*, puis descendre plein Sud vers

2 h • Bocca di Gradellu • 529 m

Prendre la direction de Coti-Chiavari. Le sentier s'engage à gauche dans le maquis, longe la limite de la forêt domaniale.

7 De Bocca di a Serra, descendre dans la forêt de chênes, jusqu'à la D 55 A. L'emprunter à gauche pour rejoindre le village de

1 h 45 • Coti-Chiavari • 486 m

Temps retour : voir p. 117.

Coti-Chiavari
Serra-di-Ferro
Baie de Cupabia
CARTES IGN
4153
4154
Acqua Doria
Punta di Pozzi
Cardo
Cupabia
Mormontagna
Pilusella
Punta di u Castagnu
Punta di Santa Degna
Punta di a Chiappa Rossa
Valle di Piobelli
Punta di u Carapone
Bocca di a Serra
Punta di Pinselli
Chiasellu
Acqua Tenera
Tassinca
Scavatu
Alesandra
Villanaccia
Pietra Pinzuta
Punta di u Furconu
Pietra Rossa
Casa Cupabia
Les Arbousiers
Teppa Rossa
Bocca di Canicciu
Castellu di a Moneta
u Frate
Punta Tonda
Sapara Maria
Cala di Cigliu
Arena Rossa
Cantonaccio
Pozzaccio
Evangelio
Stefanaccia
Erba Mora
Marticcia
Chioselli
Ariezza
7
8
9
10
11
12
20
21
22
23
24
25
26

Étape 3
Coti-Chiavari
Porto Pollo
4 h 45

Altitude maximum : 525 m
Dénivelés : montée 177 m
descente 525 m

Coti-Chiavari • 486 m

Traverser le village en direction du Sud-Ouest. Prendre à gauche la route qui mène au pylône TDF. Le sentier s'engage à droite, chemine en courbe de niveau *(vue sur les îles Sanguinaires, Punta di a Castagna, Capu di Muru).*

(8) Suivre une piste pour atteindre un petit replat *(vue sur le versant Sud : golfe du Valincu, plage de Cupabia, Punta d'Eccica, plaine du Taravu, massif de Cagna).*

Continuer le long d'une clôture, puis le sentier s'étire à flanc de crête jusqu'à Bocca di Pozzi (464 m).

(9) L'itinéraire fait un virage sur l'Est et amorce une longue descente sur

1 h 30 • Marmuntagna • 182 m

S'engager à gauche direction Pilusella.

(10) Au grand virage, continuer tout droit et prendre un ancien chemin bordé de murs en pierre pour atteindre le lieudit a Crucella.

(11) Le sentier franchit un talweg, puis chemine sur une crête pour aboutir sur la

1 h 15 • Plage de Cupabia

(en été seulement)

Longer la plage sur la gauche en direction du camping. Passer le ruisseau ; suivre la route sur environ 300 m.

(12) La quitter pour suivre le sentier qui s'engage à droite, grimpe entre deux murs jusqu'au village de

1 h • Serra di Ferru • 138 m

Rejoindre le sentier qui passe au-dessus du réservoir d'eau. Contourner Punta Contra Grossa et descendre sur

1 h • Porto Pollo

Temps retour : voir p. 117.

Serra-di-Ferro
Porto Pollo
Plaine du Taravo
Taravo
Plage du Taravo
u Porticciu
Punta Contra Grossa
Punta di u Furconu
Pietra Pinzuta
Pietra Rossa
Alesandra
Villanaccia
Monte Barbatu
Punta di Transpirelli
Punta di Balconcelli
Abbartello
Arcubiatu
Ogliastrellu
Cappicciolo
Punta di Cappicciolo
Punta di scogli Neri
Punta di Bitussu
Scogliu di u Taravo
Anse d'Agliu
Contra di Boiu
Valle di a Tana
Santu Petru
Grijaltore
Arbellara
Trayunatu
Vulpajula
Giugari
Linarellu
Cipicca
Saliciu
Abbadia
Mula
Nivalella
Tour de Micalona
Filaschella
Bocca di a Falcunaja
Tenutella
Scalzamorta
Vaccaja
Austinaccia
Infarru
Casili
Saparella
Carboni
Zoppu
Giunca
Bujo
Isula
Petrajo
Suara
Teghia
Dolmen
Favalella
Cintrone
Arja Pitrosa
Turaconu
Polisconu
Cupabia Rnes
Punta di Prunetu
Teja
Palancaju
Forêt de Bugnoli
Purcilelli
Macchia Cotesa
San Cosimo
Tabio
Solla
Niuli Piani
Pian di Monte
San Martinu
Verticella
Vallincu
Tour de la Calanca
Canne
Piatana
Vigna Maio
Turriciola
Raja
D 157
D 157a
D 757
D 57
D 155a
D 355
N 196
12
13
14
15
16
17
18
19
20
21
N
CARTES IGN 4154

Étape 4
Porto Pollo
Olmeto
5 h

Altitude maximum : 420 m
Dénivelés : montée 620 m
descente 395 m

Porto Pollo

Emprunter la D 757 sur 3 km jusqu'au croisement avec la D 157 : à droite, franchir le pont Caitucoli qui enjambe le Taravu ; à 1 km, prendre à droite la direction de Propriano sur environ 500 m jusqu'à un

1 h 30 • transformateur

13 S'engager sur la piste carrossable ; le sentier continue sous les arbres, passe entre les murs de pierre et grimpe vers Bocca di a Falcunaja (188 m). Du pylône, le chemin part à gauche sous les oliviers pour aboutir à un replat *(belle vue sur le golfe du Valincu).*

14 Poursuivre la montée sous les chênes, longer un mur pour aboutir sur une piste carrossable. *(Le sentier, en cours d'aménagement, passe provisoirement par une propriété privée : bien refermer la barrière !).* Gagner les bergeries de

1 h 40 • Bocca di a Coppia • 333 m

Continuer 200 m ; au croisement, prendre à droite, suivre la piste jusqu'à la barrière.

15 Emprunter à droite le sentier ombragé, encadré de murs de pierre qui chemine pratiquement en courbe de niveau jusqu'au hameau de

1 h 15 • Raja • 380 m

Déboucher sur la route, l'emprunter sur 1 km en passant au-dessus du cimetière pour atteindre la N 196 au Sud du village d'

25 mn • Olmeto • 363 m

Temps retour : voir p. 116.

Olmeto
Propriano
Viggianello
Arbellara
Forêt de Bugnoli
Punta di Buturetu
Monte Barbatu
Monte Rutondu
Castellu di a Rocca
Punta di Chiostru
Forêt des Quatre Communes du Vi
Bocca di u Vint'Unu
d'Olmeto
Mare a mare Sud
non balisé
non balisé
Burgo
San Quircu
Maratu
Gillolu
Anciens Bains de Baraci
Plage de Baraci
Baraci
Anse d'Agliu
Punta di Cappicciolo
Phare de Scogliu Longu
Contra di Boiu
Tour de la Calanca
Santu Petru
Grijaltore
Arbellara
Casavecchia
Capannaccia
Santu Spiritu Egl.
Tamburinaja
Saparelli
Piatamoni
Tanera
Ficuccia
San Michele Chap.
Catavonu Rnes
Pastinarzi
Arbajolu
Cipiniellu
Sant'Armettu
Junchelle
Palma
Pianu Rossu
Chiuvella Anc.Min
Cusogna Anc.Min
Sullataja
Pont de Filetta
Tunichilia
Prunelli
Monaca
Arja di l'Apa
Casinelli
San Giovanni
Santuariu
Apalara
Dilettu
Bartaccia
Milella
Punta Savaziglia
Vetaro
Vulpajula
Vaccaja
Purcilelli
Zoppu
Carboni
Niuli Piani
Miluccia
Castagnolu
Punta di Prunetu
Palancaju
Teja
Saint-François Couv. Rne
Mais. forest. rnée
Vera
Punta di Pinnellu
Trovunatu
Contra
Raja
Catasia
Giugari
Valle di a Tana
Vigna Maio
Canne
Piatana
Turriciola
Jettari
Verticella
Vallincu
Cappicciolo
Agliu
Majesi
Petra Bertuccia
Vaccile
Pascialella
Rapaju Rnes
Tiponu Berg
Mela
Valle
N 196
D 257
D 557
D 157
D 957
D 19
CARTES IGN
4154
15
16
17
18
19
20
15
16
17
18
N

Étape 5
Olmeto
Burgo
5 h 30

Altitude maximum : 800 m
Dénivelés : montée 607 m
descente 780 m

Olmeto • 363 m

À la sortie Nord du village, descendre par un escalier en pierre dans une ruelle ; la suivre et s'engager dans le sentier qui descend légèrement entre les champs plantés d'oliviers. Franchir un ruisseau. Le chemin progresse en décrivant un demi-cercle. Il atteint

1 h 05 • Castellu di a Rocca • 448 m
S'engager sous les chênes ; le sentier passe près d'une source.

16 Grimper entre les blocs rocheux *(panorama sur Olmeto, le golfe du Valincu)* et progresser vers la crête. Le sentier chemine alors de façon régulière dans la forêt de chênes et descend vers le hameau de

1 h 45 • Vera • 553 m

Après la maison forestière en ruine, le sentier s'élève à nouveau, passe un ruisseau et progresse sous les grands chênes pour atteindre

45 mn • Bocca di u Vint'Unu • 738 m

Une légère montée mène vers la croupe qui contourne Punta di Chiostri (800 m).

17 Amorcer la descente ; le sentier quitte la forêt, traverse une zone de maquis pour passer près de Punta di Fiminiccioli. La pente devient raide et l'itinéraire rejoint une piste au hameau de

1 h 05 • Maratu • 380 m

Suivre la piste sur 1 km vers l'Est.

18 Dans le virage en épingle, s'engager sur un sentier à droite qui rejoint la D 557 ; la suivre sur 800 m jusqu'au hameau de

50 mn • Burgo • 190 m

Propriano se trouve à 7 km par les D 557 et 257.

Temps retour : voir p. 116.

Les tours (torri)

Établi par les génois, le système défensif de la Corse, comprenait des citadelles et des tours de guet, destinées à prévenir et à protéger les habitants des attaques barbaresques.

Des ouvertures étroites permettaient d'observer l'horizon. La porte, située à 5 m du sol, n'est accessible qu'à l'aide d'une échelle. Le rôle des Torregiani (les gardiens de tours) était de signaler par des feux allumés aux sommets des tours, toute approche.

Coti-Chiavari

Coti-Chiavari

Coti-Chiavari, construit en terrasse, est surplombé par une crête d'où l'on domine à la fois le golfe d'Ajaccio et le golfe du Valincu.

Ce village est dispersé en plus de trente hameaux, correspondant chacun à l'implantation de familles descendues de la montagne. Au xve siècle, lors des invasions barbaresques, Coti-Chiavari fut abandonné par ses habitants. En fuite, ils se réfugièrent dans l'arrière pays, mais continuèrent à faire valoir leurs droits sur a Piaghja que leurs descendants se remirent à fréquenter.

En 1864, ceux qui avaient contribué au peuplement du littoral sous la forme d'un habitat dispersé, réussirent à faire reconnaître leur autonomie et leur territoire fut érigé en commune. À la même époque, Napoléon III faisait construire le pénitencier agricole. Il en reste encore de nombreux vestiges aujourd'hui, dans un paysage fossilisé. On reconstitue aisément le cadre du siècle dernier à partir de témoins tels que les corps de bâtiment, le dépositoire, la citerne ou les murs de soutènement des terrasses, qui correspondent à la mise en culture du domaine.

Le pin laricio

Le géant de la flore insulaire est le pin laricio. Il peut atteindre 50 m de hauteur.
Malheureusement, dès l'ouverture de certaines routes, vers la fin du siècle dernier, des coupes inconsidérées ont fait disparaître des pins qui étaient les plus gros d'Europe.

On peut cependant encore voir des pins laricio dont le diamètre dépasse les 2 m. Dans la forêt de Valdu-Niellu, un pin relativement jeune, mesurant près de 5 m de circonférence et au fût dépassant 30 m pourrait devenir, dans quelques siècles, le roi de la forêt.

Le hêtre

Vivant à l'étage montagnard, entre 900 et 1 700 m, le hêtre est une essence de forêt d'altitude. Il n'est pas très apprécié des forestiers du fait de sa faible valeur marchande, mais il est un élément indispensable de l'équilibre biologique, à la fois régulateur climatique et hydraulique, il a de plus l'avantage de ne pas acidifier le sol et de ne pas brûler aussi facilement que les résineux.

Le hêtre c'est aussi l'habitat préféré des loirs qui nichent assez haut dans ses branchages.

Le chêne vert

C'est le seul arbre véritable du maquis. Il peut atteindre 10 à 15 m de haut et 2,5 m de circonférence.
Autrefois, il devait constituer la majeure partie de la forêt corse jusqu'à 800 m d'altitude. Ses feuilles persistantes sont velues et cotonneuses. Les glands, plus ou moins amers, sont très appréciés des pigeons migrateurs et du bétail. Ils étaient jadis récoltés par les éleveurs.

La chênaie verte la mieux conservée de Corse couvre tout le flanc sud de la vallée du Fangu sur 1 500 ha.

Itinéraire retour

Étape 1 : Burgo – Olmeto : 5 h 45

Le sentier part à 800 m du gîte de Burgu, grimpe sous les chênes, suit une piste jusqu'au hameau de

1 h 20 • Maratu • 380 m

Grimper à travers le maquis d'arbousiers, passer à

1 h 55 • Bocca di u Vint'unu • 738 m

Descendre sous les grands chênes verts, jusqu'au hameau de

30 mn • Vera • 553 m

Poursuivre en courbe de niveau, descendre vers Castellu di a Rocca, et gagner

2 h • Olmeto • 363 m

Étape 2 : Olmeto – Porto Pollo : 4 h 30

À la sortie du village, prendre la route vers Raja, suivre un sentier ombragé jusqu'à

1 h 50 • Bocca di a Coppia • 333 m

Suivre une piste puis descendre vers la plaine du Taravu d'où l'on rejoint un

1 h 10 • transformateur

Suivre la D 157 jusqu'à

1 h 30 • Porto Pollo

Étape 3 : Porto Pollo – Coti-Chiavari : 5 h 45

Le sentier grimpe de façon régulière sous les oliviers pour aboutir au village de

1 h 15 • Serra di Ferru • 138 m

Descendre entre deux murs vers la

45 mn • plage de Cupabia

La longer, puis suivre la crête. Le chemin s'élève vers

1 h 30 • Marmuntagna • 182 m

Après une montée soutenue, le chemin passe Bocca di Pozzi (464 m), progresse à flanc de crête et rejoint une route qui mène à

2 h 15 • Coti-Chiavari • 486 m

Étape 4 : Coti-Chiavari – Bisinao : 5 h 30

À la sortie du village, le sentier s'engage dans la forêt de chênes, longe la limite de la forêt domaniale jusqu'à

1 h 50 • Bocca di Gradellu • 529 m

Suivre la crête, passer Monte Tignosu et Monte Canarellu, cheminer dans une zone de maquis puis descendre vers

1 h 55 • Pietrosella • 500 m

Du centre du village descendre sous les chênes, franchir le ruisseau puis la D 255 et remonter vers le village de

1 h 45 • Bisinao • 632 m

Étape 5 : Bisinao - Porticcio : 4 h 20

Le sentier s'élève au-dessus du village et rejoint l'itinéraire *Mare a Mare centre*. Après une longue descente, on aboutit à

2 h 40 • Bocca di u Grecu • 469 m

Suivre la D 302 sur 2,5 km, puis le sentier menant à

50 mn • Zizoli • 375 m

Continuer vers la tour de Frassu (xve siècle) et descendre jusqu'à

50 mn • Porticcio

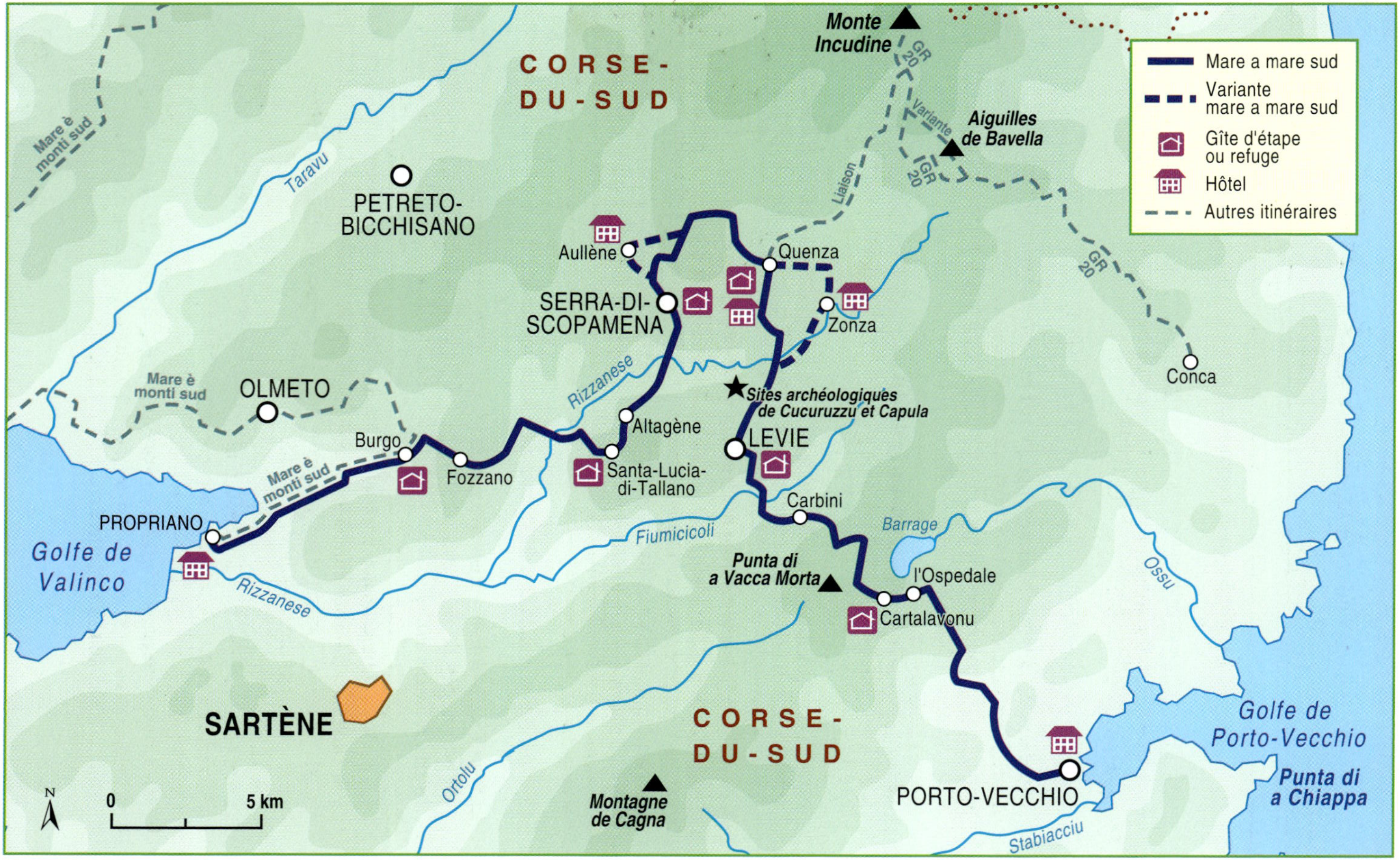
Mare a mare sud
Variante
mare a mare sud
Gîte d'étape
ou refuge
Hôtel
Autres itinéraires
CORSE-
DU-SUD
Monte
Incudine
GR
20
Variante
Aiguilles
de Bavella
Liaison
Conca
PETRETO-
BICCHISANO
Taravu
Mare è
monti sud
Aullène
SERRA-DI-
SCOPAMENA
Quenza
Zonza
Rizzanese
Sites archéologiques
de Cucuruzzu et Capula
LEVIE
OLMETO
Burgo
Fozzano
Altagène
Santa-Lucia-
di-Tallano
Carbini
Barrage
Fiumicicoli
PROPRIANO
Golfe de
Valinco
Punta di
a Vacca Morta
l'Ospedale
Cartalavonu
Ossu
SARTÈNE
CORSE-
DU-SUD
Golfe de
Porto-Vecchio
Punta di
a Chiappa
PORTO-VECCHIO
Ortolu
Montagne
de Cagna
Stabiacciu
N
0
5 km

Mare a Mare Sud

Porto Vecchio - Propriano

Cet itinéraire très varié traverse la partie la plus méridionale de la montagne corse. D'Est en Ouest, d'une mer à l'autre, d'un golfe à l'autre, le sentier rejoint toujours... la mer.

Des liens traditionnels entre plaine et montagne

L'itinéraire « chevauche » la partie de la Corse la plus ancienne dont l'Alta Rocca est un des témoignages du passé (voir sites archéologiques). Cette région (pieve) est la partie montagneuse de l'ancienne seigneurie de la Rocca. Le Sud de la Corse est souvent appelé « Terre des Seigneurs » *(Terra di Signori)*, en référence à une plus grande « main mise » seigneuriale sur la région durant la période féodale. L'Alta Rocca adossé à l'Alcudina, plus haut massif du Sud, est plutôt un vaste plateau boisé, où chaque village « regarde » la mer. Des liens traditionnels ont longtemps tissé le rapport entre la plaine *(a piaghja)* et la montagne *(a muntagna)*. La transhumance organisait la vie des habitants.

Les sentiers qui circulent en Alta Rocca sont encore utilisés mais seulement par quelques bergers, pour rejoindre les alpages.

Dans le maquis

Des richesses naturelles étonnantes

L'Alta Rocca est aussi une des régions les plus vertes de la Corse, avec une montagne moins escarpée.

C'est là que l'on trouve le plateau du Cuscionu (1 600 m), immense alpage où l'on pratique la transhumance mais aussi... le ski de fond, et Bavella, imposante montagne aux aiguilles de granite unique dans l'île.

D'autres découvertes sont à faire, tant les richesses naturelles de l'Alta Rocca sont nombreuses : le lac et la forêt de l'Ospédale, l'Uomu di Cagna, les sites archéologiques, le musée de Levie (où figure la plus vieille femme de Corse)...

La région s'ouvre peu à peu au tourisme et profite, au-delà de sa propre attractivité, de la proximité de Porto Vecchio, grand centre balnéaire et troisième ville de Corse.

Période conseillée, difficultés

Cette randonnée de moyenne montagne est accessible à tous, même à un public peu expérimenté.

L'itinéraire est fréquentable toute l'année car il n'est pas trop chaud l'été grâce au couvert végétal et peu enneigé l'hiver.

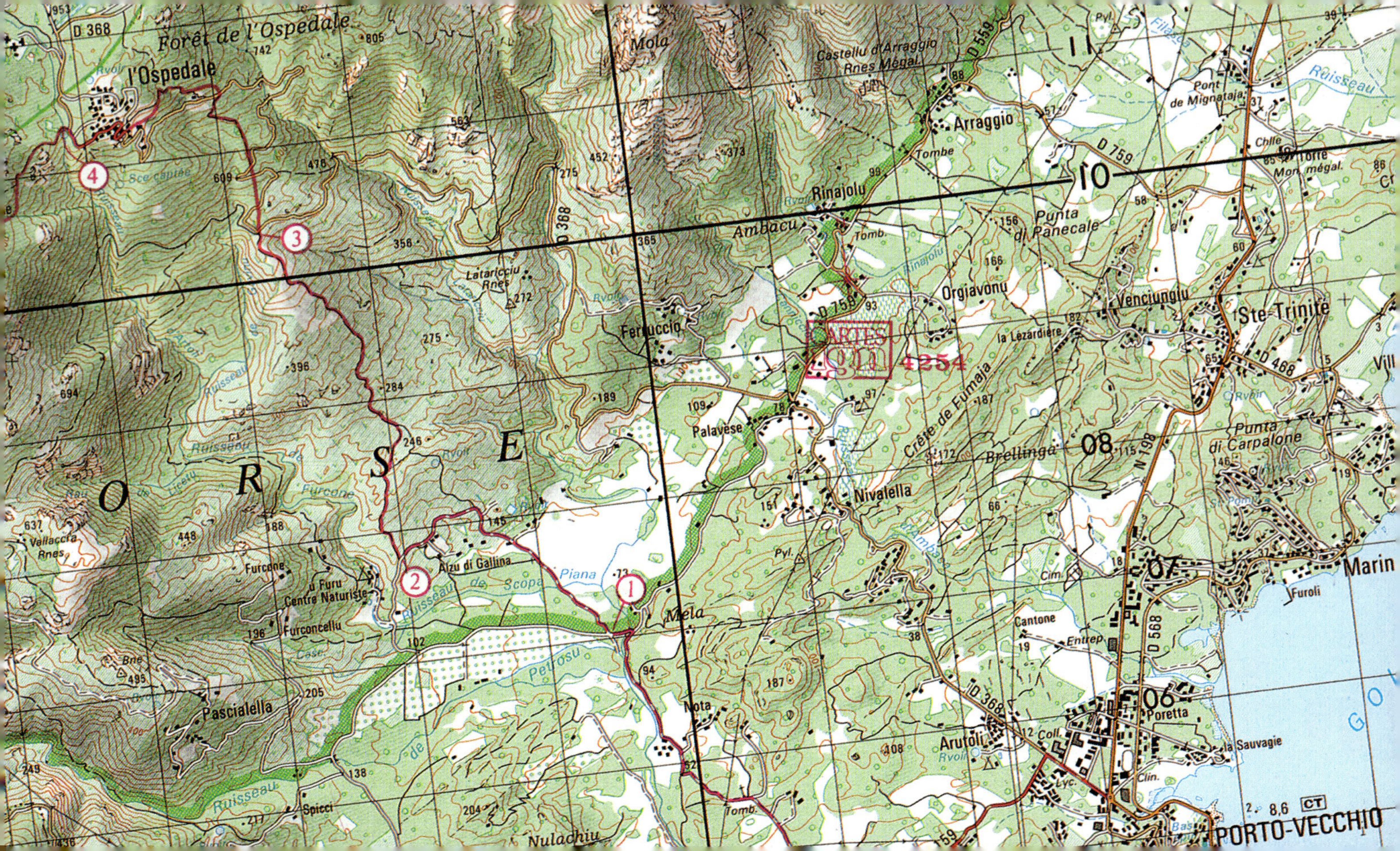

Forêt de l'Ospedale
l'Ospedale
Mola
Castellu d'Arraggio
Arraggio
Rinajolu
Ambacu
Orgiavonu
Venciunglu
Ste-Trinité
Punta di Panecale
Ferruccio
Palavèse
Crête de Fumaja
Brellinga
Nivalella
Punta di Carpalone
Lataricciu
Aizu di Gallina
Mela
Piana
Furcone
Centre Naturiste
Furconcellu
Pascialella
Nota
Arutoli
Cantone
Poretta
Marin
Nulachiu
Spicci
PORTO-VECCHIO
CORSE
D 368
D 759
D 559
D 468
N 198
D 568
4254

Étape 1
Porto Vecchio
Cartalavonu
5 h

Altitude maximum : 1 020 m
Dénivelés à la montée 880 m

Porto Vecchio

▶ Le début du balisage se trouve au lieudit Alzu di Gallina

Au carrefour des Quatre Chemins à l'entrée de Porto Vecchio, emprunter la D 159 en direction de Muratellu puis prendre la direction Nota. Suivre la route jusqu'au pont qui enjambe la rivière de Bala.

1 Prendre la route sur la droite. Atteindre

1 h 30 • Alzu di Gallina • 140 m

▶ Le balisage commence juste après la maison isolée sur la gauche.

2 À la pancarte du Parc régional, prendre la direction du Nord-Ouest. Le sentier traverse un vaste plateau recouvert de maquis *(on aperçoit le village de l'Ospédale)*. Monter progressivement et pénétrer dans une forêt de pins maritimes.

3 Arriver à la Route Forestière 11 puis la couper à quatre reprises. Prendre ensuite la direction Ouest vers un plateau qui offre la vue sur les premières maisons de

3 h • l'Ospédale • 850 m

(café, ravitaillement et restaurant en été seulement)
Situé sur le plateau de l'Ospédale à 1 000 m d'altitude, le barrage construit en 1979, est long de 135 m et haut de 26 m. Il a une capacité de 3 millions de m^3. Il alimente en eau potable et en eau d'irrigation l'extrémité Sud de la Corse.

▶ Pour aller au lac, prendre la route direction Zonza sur 500 m.

4 200 m après la dernière maison du village, s'engager dans le sentier sur la gauche. Franchir un petit ruisseau puis traverser la forêt pour arriver sur le plateau de

30 mn • Cartalavonu • 1 020 m

Temps retour : 4 h
Cartalavonu – Ospédale 30 mn ; Alzu di Gallina 2 h ; Porto Vecchio 1 h 30.

Castellu di Cucurazzu
Castellu di Capula
St-Laurent Chap.
Chat.
Alignement Stantare
Pacciunituli
Pitaja
Orra
Sava
Pointe d'Evini
Gusannari
Stazzona
Pisciutolu
Cusciocani
San-Gavino di-Carbini
Carabona
Sapara Maio
Giglio
Chap.
Petra Bianca
Gualdaricciu
Contre de Celeca
Insorito
Castaldaccia
Pantanu
Levie
Serba
Ulmiccia
Coll.
Pinetu
Centre équestre
Buri
Punta Pinetu
Chialza
Source de Balcona
Pargula
Punta di Pirelli
Savali
Canali
Cardiccia
D 268
D 66
D 67
D 166
D 59
D 248
Vitarpa
Pont de Pargule
Pont de Calanone
Uvezzia
Source de Pisciarella
Filaschella
Stuppiolu
Petra Rossa
R É G I O
Bocca di Barocaggio
Finosa
Monte Rossu
Carbini
Carbini Supranu
Calv.
Monte Maio
Spianta Cavallu
Manaja
Lamaja
Arjustella
Noci
Foce d'Olmo
Orone
Arzetu
Tasciana
Col de Mela
Agnarone
Maison Forestière de Marghese
Suartellu
Pentaniella
Giovannoni
Tavogna
Castellu d'Accintu
Punta di a Vacca-Morta
Miratoju
Costa di Ciscia
Pullinu
Valle Longa
Bocca d'Ava
Foce Alta
Cartalavone
Cupatelli
Petra Ponta
Caracutu
Radici
Crete de Monaca
Niellu
Ciutra
Coda
Lamarza
Ursellu
Piratelle
Curbaju
CARTES IGN 4254

Étape 2
Cartalavonu
Levie
5 h

Altitude maximum : 1 171 m
Dénivelés : montée 510 m
descente 920 m

Cartalavonu • 1 020 m

Le sentier part direction Nord-Nord-Ouest, emprunte une piste sur 200 m environ, puis s'élève rapidement au-dessus du hameau.

5 Franchir un premier col pour progresser de façon régulière jusqu'à Foce Alta (1 171 m) d'où l'on domine le lac de l'Ospédale. L'itinéraire se dirige Nord-Nord-Est vers
1 h • Bocca a Mela • 1 068 m
Emprunter le sentier en direction de l'Ouest.

6 Tourner à droite dans la descente pour arriver à un amas de granit d'où le point de vue est remarquable *(golfe du Valincu et villages de l'Alta Rocca, Bavella)*. Le sentier continue sur la gauche, longe un moment une clôture puis entre à nouveau dans la forêt. Après une descente douce et sans difficulté, quitter la forêt pour retrouver un maquis haut. Le chemin serpente au milieu des arbousiers et des bruyères. Atteindre une châtaigneraie.

7 Traverser une piste pour aboutir au village de
1 h 30 • Carbini • 560 m

(ouvert en juillet-août)

Église classée du XIe siècle (art pisan).
En face de l'église, s'engager dans le sentier, traverser un long plateau pour aboutir en contrebas sur la D 59. S'enfoncer alors dans un maquis haut pour arriver à une grande chênaie.

8 S'engager entre deux murs de délimitation et franchir la rivière Fiumicicoli. Monter ensuite par un chemin prenant son départ entre deux murs environnés de chênes. La pente devient raide. *Un peu plus loin, on rencontre des petits champs plantés d'oliviers et l'on remarque à l'entrée d'une propriété un pressoir abandonné. Un long replat bien ombragé offre une possibilité de halte.* Franchir trois petits ruisseaux avant d'arriver aux premières maisons de
2 h 30 • Levie • 610 m

Musée de l'Alta Rocca.

► Jonction avec un Sentier de Pays menant en 1 h 30 à San Gavino di Carbini *(ravitaillement, camping)*.

Temps retour : 5 h 30
Levie-Carbini 2 h 30 ; Bocca a Mela 2 h ; Cartalavonu 1 h.

Acqua Grossa
Punta Illarata
Contra a Frassu Berg.
Erbajolu
Alzetu
Cavallariccia
Jallicu
Lavu Donacu
Buri
Veta
Moulin d'Arnia
Valle Niella
Punta di i Purcili
D 69
D 420
Coda
i Chiralbi
Bocca d'Arja Petrosa
Tallonu
GR 20
Campanaju
Mare a mare sud Variante
Pianu Sottanu
Pentaniella
Punta di i Vaccili
a Vaja
Durulfa
Palgaraccia
Quenza
Campu Longu
Arja la Foce
Punta di a Cuciurpula
Castellucciu
Pont de Passava
Ste-Marie Chap.
Bocca di Paradisu
Punta Bianca
Vangone
Tova
Muru
Serra-di-Scopamène
Acqua Fredda
Chiesa
Barbiragiu
Alevu
Sorbollano
Foce Alta
Codi
Pointe de Contra d'Uccellu
Campu di Bertu
Calamella
Mamma
Arsanesa
Orziali
Cuvu
Punta di Sarracinu
St-Antoine
Pont de la Nova
Punta Valle Longa
Campu
Cuvulari
Tassarellu
Scavalcatoju
P A R C
Cucciari
Teghie Nielli
Pitrellu
Muratu
Sadise
Punta di i Purcili
Piubottu
Carattu
CARTES IGN 4253 4254
Castellu di Cucurazzu
Castellu di Capula
St-Laurent Chap.
Ponte Novu
Punta Tighiarella
Tavara
Monte Grossu
Riccu
Valda
Filellu
Gusannari
Stazzona
Pisciutolu
San-Gavino-di-Carbini
Cusciocani
Bricucciu
Punta di Serradu
Tivulaju
Coffre de Caleca
Insorito
Castallaccia
D 268
Capu d'Alzu
Pantanu
Acqua Sparta
Levie
Pinetu
Ficarella
a Sorba
Ulmiccia
Punta Pinetu
Foce di Lugo
Coll.
9
10
11
12
13
14
15
16
17
18

Étape 3
Levie
Serra di Scopamena
6 h

Altitude maximum : 1 107 m
Dénivelés : montée 760 m
descente 520 m

Levie • 610 m

Le sentier prend son départ près de l'église. Aux dernières maisons, se trouve une fontaine. Monter une légère pente à travers une forêt de chênes.

(9) Suivre une route en direction du Nord-Est vers Capula. L'itinéraire serpente entre de gros blocs granitiques. Un peu plus loin, atteindre la

1 h • chapelle Saint-Laurent • 760 m

Sites archéologiques de Cucuruzzu et Capula.
À proximité, on peut voir un abri naturel creusé dans le rocher.
Le sentier descend ensuite en pente douce à travers un bois de chênes.

(A) Laisser sur la droite la variante de Zonza ; voir p. 129
Franchir la rivière Saint-Antoine. Monter dans la chênaie pour aboutir à un enclos à cerfs. L'itinéraire continue sur la piste sur 1 km environ.

(10) Bifurquer à gauche pour gagner un petit sentier qui, par une légère montée, atteint

1 h 50 • Quenza • 820 m

Chapelle de l'an 1 000. Église classée.
Sur la place de l'église, emprunter la route qui monte au plateau du Cuscionu.

(11) À 200 m environ, prendre un sentier qui va rejoindre le ruisseau de Codi *(possibilité de baignade)*. Emprunter la passerelle, le chemin grimpe dans une forêt et débouche sur la route au lieudit Buri.

Le Coscionu

« U Pianu » (le plateau) dominé par le sommet de l'Alcudina (2 136 m), s'étend sur environ 7 000 hectares entre 1 300 et 1 700 m d'altitude.

Entouré de hêtres au Nord, pelouses, pozzines, blocs rocheux au Sud, il est parcouru par de nombreux ruisseaux. Il a joué un rôle important dans l'économie agro-pastorale de la région, peuplé de nombreuses bergeries en pierres sèches qui sont les témoins d'une transhumance qui illustrait bien les liens traditionnels entre la plaine et la montagne.

Le Cuscionu est aussi un site idéal pour la randonnée pédestre et équestre (flore riche et particulière) ainsi que pour le ski de fond lorsqu'en hiver il devient un immense champ de neige.

Le Pianu de Levie

Entre Levie et Quenza, le Pianu de Levie, vaste plateau qui s'étend entre la rivière Rizzanese et le Fiumiccicoli, est un témoignage du temps passé.

Le site du Cucurruzu, le premier rencontré, est un remarquable complexe monumental du IIe millénaire avant J.-C. (âge de bronze). Les blocs de granit, les murs en pierres sèches, la technique de construction nous éclairent sur l'habileté de l'homme et sur sa capacité à l'intégration avec la nature. Un promontoire offre un panorama sur la région.

Capula nous restitue une partie de l'histoire médiévale de l'Alta Rocca, région (pieve en Corse) qui faisait partie de la « Terre des Seigneurs » (Terra di Signori). Ces ruines ont été habitées dès l'âge du bronze.

Cependant, les constructions sont d'une architecture très variée : pavés granitiques murés à la chaux et murs en gros appareils (âge du bronze). Ce site (haut lieu de la féodalité) où campe une statue menhir du ixe siècle témoigne des luttes fratricides entre seigneurs.

La vieille dame et le musée

La découverte, à Bonifacio, d'un squelette datant du VIIe millénaire avant notre ère, a suscité beaucoup de curiosité. Cette première trace de la présence humaine en Corse n'a plus de mystère : il s'agit d'une femme la « Dame de Bonifacio » qui est donc... la plus vieille habitante connue de l'île.

Au Musée de Levie, elle est visible parmi les documents relatifs aux modes de vie de l'homme du VIIe siècle avant notre ère et le Moyen Âge.

Le cerf de Corse

« O ronche ! O cervi ! O russignoli » chante « l'Alcudina » un des plus anciens et pénétrants chants du Sud de la Corse.

Le cerf a pourtant disparu de Corse en 1970, sous la pression humaine : ignorants ou braconniers.

Mais aujourd'hui, grâce à l'amitié, et à la coopération de l'île voisine de Sardaigne, « Cervus elaphus corsicanus » est revenu et vit en Corse.

Sa réintroduction, réalisée en 1986, tout près de Quenza, depuis l'extrême Sud de la Sardaigne, est aujourd'hui une réussite.

Pour l'instant, dans l'enclos de 20 ha vivent 22 cerfs et chaque année 5 ou 6 petits faons voient le jour. Bientôt ils retrouveront la liberté...

(12) 100 mètres plus loin sur la droite, s'engager dans le sentier qui s'enfonce dans un sous-bois. La pente devient plus forte et l'on atteint une hauteur dénudée. Plus loin, le sentier rejoint une piste qui mène au

1 h 20 • hameau de Ghjallicu • 1 010 m
Orthographié Jallicu sur la carte IGN.
Hébergement (relais équestre, table d'hôte).

Suivre la route direction Sud-Ouest, puis prendre le sentier sur le côté droit qui chemine en courbe de niveau.

(13) Descendre à travers le maquis vers les bergeries de Lavu Donacu. Au bord de la rivière, passer devant un ancien moulin à châtaignes. Franchir le ruisseau pour remonter en direction des bergeries. On parcourt une zone semi-désertique plantée d'épineux pour arriver à un petit col (Arghja Petrosa). Continuer sur une piste pendant quelques mètres.

(14) La quitter pour se diriger vers le Sud à travers un petit plateau. Franchir le col d'Arghja la Foce *(Arja sur Foce sur la carte IGN)* ; continuer par le chemin en courbe de niveau puis le laisser sur la droite.

(15) Couper la piste pour descendre en pente douce jusqu'à Bocca di Paradisu. Utiliser une piste carrossable menant à

1 h 50 • Serra di Scopamena • 850 m

Temps retour : 5 h 50
Serra-Ghjallicu 2 h ; Quenza 40 mn ; Levie 3 h 10.

Le site de Filitosa

Haut lieu de la préhistoire corse, le site de Filitosa, découvert en 1954, est reconnu et classé par l'UNESCO. Ce site culturel de renommée mondiale est très visité.

L'occupation humaine y remonte au Néolithique ancien, soit 6 000 ans avant notre ère. Dans le périmètre des murailles, se trouvent des monuments torréens à structure circulaire, construits à l'aide de gros blocs de pierre.

Cavallariccia
Bavonu
Prugna
Scapa di Noce
Cantoli
Vandollaccio
Burracciola
Vicciulega
Bois de Cola
Durulfacciu
Quenza
Campu Longu
Ste-Marie-Chap.
Pentaniella
Tallonu
Liaison GR 20
Jallicu
Lavu Donacu
Buri
Punta di i Vaccili
Punta di a Cuciurpula
Castellucciu
Arja la Foce
Pianu Sottanu
Bocca d'Arja Petrosa
i Chiralbi
Punta di i Purcili
Valle Niella
Moulin d'Arnia
Aullène
Campanaju
Palgaraccia
Coda
Ceppu
Salge
Bocca di Paradisu
Punta Bianca
Zerubia
Serra-di-Scopamène
Vangone
Acqua Fredda
Chiesa
Foce Alta
Sorbollano
Calamella
Mamma
Arsanese
Orziali
Punta di Valle Longa
Campu
Cuvulari
Teghie Nielli
Pitrellu
Tassarellu
Scavalcatoju
Punta di Sarracinu
Cuvu
Pointe de Contra d'Uccellu
Codi
Campu di Bertu
Barbiragiu
Tova
Muru
Alevu
Artezza
Pinella
Zonza
Punta di u Pinzalone
Santa Barbara Chap.
Acquella
St-Antoine
Piatamoni
Cucciari
Muratu
Col de Bulgara
Punta di u Scapalone
Faragina
Furelli
Foce di Four
Cavadili
Pont de Criviscia
Source de Mela
PARCNA
CARTES IGN
4253
4254
D 420
D 368
D 268
D 69
D 120

Variante
Levie-Quenza
4 h
Quenza-Serra
4 h 05

Altitude maximum : 1 107 m
Dénivelés : montée 921 m
descente 758 m

Cette variante comportant deux étapes permet de faire le *Mare a Mare Sud* en 6 jours avec une étape au village de Quenza.

Étape 1

Levie • 610 m

Suivre la description de la page 125 jusqu'à une bifurcation dans la descente vers la rivière Saint-Antoine.

Ⓐ Tourner à droite et suivre vers le Nord-Est le balisage qui mène à

2 h 45 • Zonza • 744 m

Du centre du village, emprunter la D 420 vers le Nord sur 1 km.

Ⓑ Quitter la route pour utiliser vers l'Ouest une piste *(bien suivre le balisage)*. Franchir la rivière de Criviscia, puis rejoindre la D 420 menant à

1 h 15 • Quenza • 820 m

► Départ d'une bretelle du GR 20 menant au refuge d'Asinao en 4 h, et, de là, au col de Bavella (5 h).

Étape 2

Reprendre la description des pages 125-127 (repères ⑪-⑫-⑬) jusqu'à

2 h 05 • Bocca d'Arghja Petrosa • 1 014 m

Ⓒ Prendre la direction d'Aullène et descendre vers le lieudit I Chiralbi puis suivre une piste jusqu'au village de

40 mn • Aullène • 835 m

Traverser le village et, 350 m après les dernières maisons, prendre un sentier sur la gauche puis une piste sous les châtaigniers. Rejoindre Bocca di Paradisu (969 m) puis toujours par la piste descendre à

1 h 20 • Serra di Scopamena • 850 m

Aullène
Serra-di-Scopamène
Zerubia
Sorbollano
Cargiaca
Zoza
Altagène
Sant Andrea
Ste-Lucie-de-Tallano
Poggio
Olmiccia
Mela
Aria la Foce
Castellucciu
Vangone
Chiesa
Acqua Fredda
Punta Bianca
Bocca di Paradisu
Foce Alta
Calamella
Mamma
Campu
Cuvulari
Punta di Valle Longa
Punta di i Purcili
Punta Tighiarella
Monte Grossu
Carattu
Filellu
Punta di Serradu
Acqua Sparta
Ficarella
Foce di Lugo
Pointe de Monte ou de Bonifacio
Punta di Pianu Maio
Cutrone
Frassetu
Buttaccia
Crini
Cherchiaja
Buffone
Nuvella
St-Jean-Baptiste Egl.
Pont de Piombato
Martinacce
Amor di Du
Nicua
Pont de Scopamène
Pont de Burdellu
Pointe de Corbajola
Capannola
Ceppu
u Salge
Corsi
Ponte Novu
Ponte Vecchiu
Tavara
Valdu
Necciu
Teghie Nielli
Pitrellu
Piubettu
Riccu
Bricucciu
Tivulaju
Capu d'Alzu
Cortina
Tippa
a Scala
Navagia
Finaju
Parata
Pianu Sottanu
Palgaraccia
Campanaju
Coda
Chiralbi
Orziali
Arsanesa
Pont de la Nova
Camponaggiu
Pinzu d'Uccelli
u Trianglu
Punta Jarjarelle
Bocca di Burracciola
Bocca di Peru Sambucatu
Punta di a Rinella
a Teghia
Punta di Castellu
Poste électr.
St-Roch Chap.
4253
14
15
16
17
18
19

Étape 4
Serra di Scopamena Santa Lucia di Tallano
5 h

Altitude maximum : 720 m
Dénivelés : montée 400 m
descente 800 m

Serra di Scopamena • 850 m

Au centre du village, s'engager dans la ruelle qui se trouve en contrebas de la route principale. Quitter les dernières maisons du village avant de s'engager dans la châtaigneraie *(de là, on aperçoit le moulin restauré par le Parc naturel)*.

16 Descendre jusqu'à un petit croisement, prendre à droite pour arriver dans un bosquet de chênes verts. Le sentier descend en lacets et rejoint la D 20. Suivre la route sur environ 500 m jusqu'au lieudit

1 h 20 • Campu • 400 m

17 S'engager sur la gauche pour descendre le long d'une prairie et traverser le ruisseau puis le longer pendant 20 mn environ. Franchir la rivière Rizzanese. Le sentier remonte sous une forêt de chênes et d'arbousiers puis rencontre une châtaigneraie pour déboucher sur une zone déboisée. Monter ensuite en forte pente jusqu'au

18 **1 h 50 • col de Tavara • 720 m**

Descendre, puis prendre sur la gauche, franchir un éboulis et un ruisseau. Continuer en courbe de niveau sous une forêt de chênes verts. Passer ensuite deux pierriers et rejoindre la piste carrossable qui mène au village d'

1 h 20 • Altagène • 650 m

19 S'engager entre deux murs dans le sentier qui mène au hameau de Sant'Andrea di Talla. Descendre en pente raide, traverser la départementale et aboutir à

30 mn • Santa Lucia di Tallano • 450 m

Couvent du XVe siècle ; tour du XVe siècle. Musée de l'Huile d'olive.

Temps retour : 5 h
Santa Lucia – Altagène 1 h ; Col de Tavara 1 h 10 ; Campu 1 h 10 ; Serra 1 h 40.

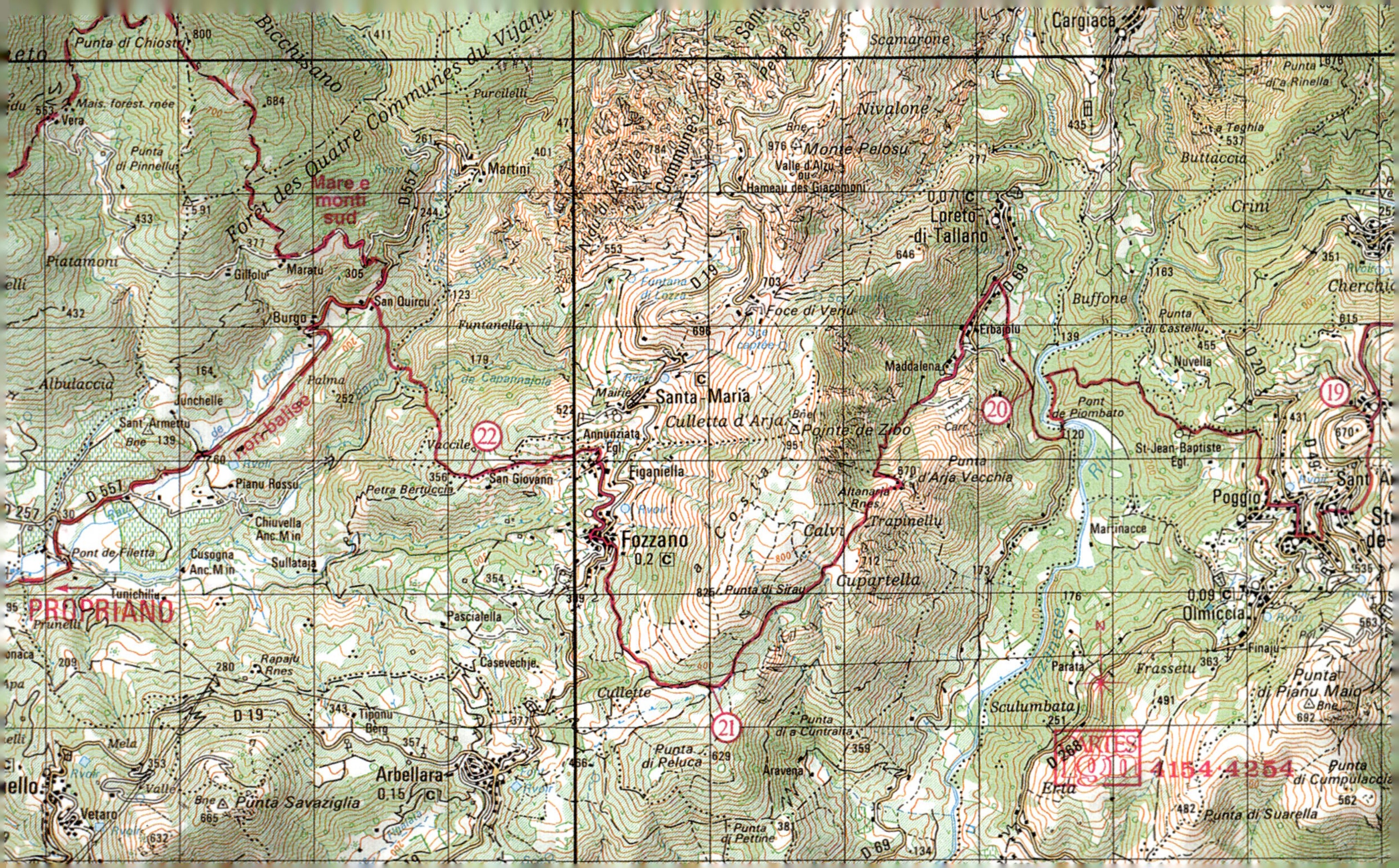
PROPRIANO
Fozzano
Santa-Maria
Loreto-di-Tallano
Arbellara
Olmiccia
Poggio
Cargiaca
Mare e monti sud
Forêt des Quatre Communes du Vijanu
Bicchisano
Monte Pelosu
Pointe de Zibo
Culletta d'Arja
Foce di Verju
Maddalena
Erbajolu
Nivalone
Buffone
Crini
Buttaccia
Punta Savaziglia
Vetaro
Tiponu Berg
Casevechje
Pascialella
Figaniella
Annunziata Egl.
San Giovanni
Vaccile
San Quircu
Burgo
Maratu
Gilfolu
Martini
Funtanella
Petra Bertuccia
Piatamoni
Albulaccia
Junchelle
Sant'Armettu
Pianu Rossu
Chiuvella Anc. M.in
Cusogna Anc. M.in
Sullataja
Pont de Filetta
Tunichiliu
Punta di Sirau
Cupartella
Trapinellu
Calvi
Punta d'Arja Vecchia
Cullette
Punta di Peluca
Aravena
Punta di a Cuntralta
Punta di Pettine
Sculumbata
Parata
Frassetu
Erta
Punta di Suarella
Punta di Cumpulaccia
Punta di Pianu Maio
Martinacce
St-Jean-Baptiste Egl.
Pont de Piombato
Nuvella
Punta di Castellu
Punta di a Rinella
a Teghia
Punta di Chiostru
Punta di Pinnellu
Mais. forest. rnée
Vera
Rapaju Rnes
Punta Savaziglia
D 557
D 69
D 19
D 20
D 49
D 268
D 257
19
20
21
22
CARTES IGN 4154 4254

Étape 5
Santa Lucia di Tallano Burgo 6 h

Altitude maximum : 700 m
Dénivelés : montée 675 m
descente 945 m

Santa Lucia di Tallano • 450 m

Prendre sur la place du village la ruelle qui mène au hameau de Poggio. Après une légère descente, quitter la départementale. Cheminer en courbe de niveau jusqu'à l'église Saint-Jean-Baptiste *(chapelle romane du XIIe siècle)*. Descendre vers la forêt de chênes pour atteindre la rivière Rizzanese. La suivre sur 400 m pour la franchir au

1 h • pont de Piombatu • 120 m

L'itinéraire continue sur un chemin de terre, puis, après avoir franchi une barrière, s'engage à droite.

(20) À une bifurcation, s'enfoncer à gauche sous les chênes, passer entre deux murs et grimper de façon régulière jusqu'à l'entrée du village de

1 h • Loreto di Tallano • 290 m

L'itinéraire prend la direction Sud-Sud-Ouest, suit une piste, passe près d'une bergerie, et s'élève dans le vallon pour atteindre les

1 h 20 • ruines d'Altanaria • 580 m

Continuer sur la crête (alt. 700 m). *On découvre Bavella et les villages de l'Alta Rocca*. Le sentier progresse en courbe de niveau et franchit les ravins de Calvi et Piuvanaccia.

U Franghju : le moulin à huile

En Corse comme dans les autres îles méditerranéennes, l'olivier fut roi. Chaque village possédait ses Franghji, qui tiraient leur énergie de l'eau des rivières et qui pendant des mois tournaient sans relâche produisant des centaines de milliers d'hectolitres d'huile. Avec le déclin de la société agricole, cette culture a reculé comme toutes les autres. Plutôt littoral, l'olivier remontait en altitude sur les versants les plus chauds.

Actuellement, quelques oliveraies font l'objet de travaux de rénovation : recépage, taille, greffe et, avec 6 à 7 000 hectares cultivés qui produisent, l'oléiculture n'est malheureusement que très peu rentable.

Colomba : une vendetta légendaire

Qui ne connaît Colomba, la généreuse, cette jeune femme corse qui poursuivit la vendetta jusqu'à... la mort de ses ennemis.

Mérimée ne s'imaginait certainement pas que son roman servirait cent ans plus tard comme référence de la Corse.

Déjà dans son premier ouvrage Matteo Falcone, l'auteur racontait des histoires dramatiques faites de passion et de trahison. À ce moment-là, il ne connaissait pas encore la Corse.

Pour Colomba, Mérimée, s'est appuyé sur des faits réels quoique romancés et qui donnent une vision limitée de la vendetta. Celle-ci malgré ses outrances avait des règles bien particulières et participait d'une certaine façon à « l'ordre social ».

Si l'ouvrage a contribué à faire connaître l'île et Fozzano, il a également produit une image un peu stéréotypée des mœurs de la Corse.

L'église de Carbini

Édifice roman de la première moitié du XIIe siècle, elle comporte une nef unique, flanquée d'un campanile isolé placé au Nord-Est de l'abside. Son architecture est une des plus originales de Corse ; sa construction soignée se caractérise par une décoration d'arcatures à modillons d'une grande variété qui fait le tour de l'édifice.

C'est là que en 1365 prit naissance la seule « secte hérétique » qui ait eu un instant d'existence en Corse : Les Giovannali. À la recherche de la pureté, ils prônaient l'égalité et le partage. Ces Giovannali tiraient sans doute leur nom de l'église San Giovvani Battista où ils se réunissaient.

Dans cette secte les femmes entrèrent aussi bien que les hommes, « leur loi portait que tout serait en commun entre eux, les femmes, les enfants, ainsi que tous les biens ». Le pape Urbain V excommunia les Giovannali et les déclara hérétiques ; de plus, il

envoya en Corse un commissaire avec quelques soldats qui allèrent attaquer les Giovannali dans la pieve d'Alesani où ils s'étaient retranchés. Les membres de la secte furent battus et massacrés sans pitié.

La corsite : une roche aux beaux yeux

Les habitants de Santa Lucia sont « amoureux » d'une des plus belles roches : la diorite orbiculaire.

Cette roche rarissime est également appelée « corsite » car elle est particulière à la région.

D'une couleur grise, elle est composée de plusieurs enveloppes concentriques.

En Corse, elle se nomme Petra Oghjata (pierre aux yeux). Faut-il voir un rapprochement entre ce nom et Santa Lucia, patronne de la lumière ?...

(21) Amorcer une descente, prendre la direction Nord-Nord-Ouest et continuer par une lente progression jusqu'à

1 h 40 • Fozzano • 400 m

Tour du XVe siècle, tombeau de Colomba (Mérimée).

Emprunter la route sur 600 m en direction de Figaniella puis s'engager dans le sentier entre les maisons. Franchir un ruisseau et poursuivre en courbe de niveau pour rejoindre une croupe d'où l'on domine le golfe du Valincu.

(22) Amorcer une grande courbe à droite (direction Nord-Ouest) et descendre progressivement dans la chênaie. Franchir le ruisseau de Capannajola puis la rivière de Baraci près d'un vieux moulin. Le sentier remonte rive droite, longe la rivière puis part à gauche et grimpe à travers le maquis pour rejoindre la D 557 au lieudit San Quircu. Emprunter cette route à gauche jusqu'à

1 h • Burgo • 190 m

Situé à 7 km de Propriano.

► Pour rejoindre Porticcio, emprunter le Mare e Monti Sud - Itinéraire retour ; voir pp. 116-117.

Temps retour : 6 h
Burgo – Fozzano 1 h 30 ; Loreto 2 h 30 ; Santa Lucia 2 h.

Index des noms de lieux

6ᵉ édition : août 2007
© Fédération française de la randonnée pédestre / ISBN N° 978-2-7514-0196-1 © IGN 2007 (fonds de carte)
Dépôt légal : août 2007
Achevé d'imprimer sur les presses de Corlet, Imprimeur, s.a, 14110 Condé-sur-Noireau